U0817867

大家小书

儒学述要

罗庸 著
杜志勇 辑校

北京出版集团公司
北京出版社

图书在版编目（CIP）数据

儒学述要 / 罗庸著 ；杜志勇辑校. — 北京 ：北京出版社，2018. 6（2024.7 重印）
（大家小书）
ISBN 978 - 7 - 200 - 13249 - 6

Ⅰ. ①儒… Ⅱ. ①罗… ②杜… Ⅲ. ①儒学—研究 Ⅳ. ①B222. 05

中国版本图书馆 CIP 数据核字(2017)第 218000 号

总 策 划：安 东 高立志　　责任编辑：王忠波 孔伊南

· 大家小书 ·

儒学述要

RUXUE SHUYAO

罗 庸 著
杜志勇 辑校

*

北京出版集团公司
北京出版社 出版
（北京北三环中路 6 号 邮政编码：100120）

网 址：www.bph.com.cn
北京出版集团公司总发行
新华书店经销
北京华联印刷有限公司印刷

*

880 毫米×1230 毫米 32 开本 5. 875 印张 94 千字
2018 年 6 月第 1 版 2024 年 7 月第 3 次印刷

ISBN 978 - 7 - 200 - 13249 - 6

定价：42. 00 元
如有印装质量问题，由本社负责调换
质量监督电话：010 - 58572393

总　　序

袁行霈

“大家小书”，是一个很俏皮的名称。此所谓“大家”，包括两方面的含义：一、书的作者是大家；二、书是写给大家看的，是大家的读物。所谓“小书”者，只是就其篇幅而言，篇幅显得小一些罢了。若论学术性则不但不轻，有些倒是相当重。其实，篇幅大小也是相对的，一部书十万字，在今天的印刷条件下，似乎算小书，若在老子、孔子的时代，又何尝就小呢？

编辑这套丛书，有一个用意就是节省读者的时间，让读者在较短的时间内获得较多的知识。在信息爆炸的时代，人们要学的东西太多了。补习，遂成为经常的需要。如果不善于补习，东抓一把，西抓一把，今天补这，明天补那，效果未必很好。如果把读书当成吃补药，还会失去读书时应有的那份从容和快乐。这套丛书每本的篇幅都小，读者即使细细地阅读慢慢地体味，也花不了多少时间，可以充分享受读书的乐趣。如果把它们当成补药来吃也行，剂量小，吃起来方便，消化起来也容易。

我们还有一个用意，就是想做一点文化积累的工作。把那些经过时间考验的、读者认同的著作，搜集到一起印刷出版，使之不至于泯没。有些书曾经畅销一时，但现在已经不容易得到；有些书当时或许没有引起很多人注意，但时间证明它们价值不菲。这两类书都需要挖掘出来，让它们重现光芒。科技类的图书偏重实用，一过时就不会有太多读者了，除了研究科技史的人还要用到之外。人文科学则不然，有许多书是常读常新的。然而，这套丛书也不都是旧书的重版，我们也想请一些著名的学者新写一些学术性和普及性兼备的小书，以满足读者日益增长的需求。

“大家小书”的开本不大，读者可以揣进衣兜里，随时随地掏出来读上几页。在路边等人的时候，在排队买戏票的时候，在车上、在公园里，都可以读。这样的读者多了，会为社会增添一些文化的色彩和学习的气氛，岂不是一件好事吗？

“大家小书”出版在即，出版社同志命我撰序说明原委。既然这套丛书标示书之小，序言当然也应以短小为宜。该说的都说了，就此搁笔吧。

儒学要在力行亲证

杜志勇

“先生的人品和学识可并肩顾炎武和黄宗羲。”[①]“众所周知，先生的道德文章属于儒家正宗，其中还融有释老之学；如果生在唐世，近乎所谓‘三教论衡’。”[②]这两段评述，分别出自齐燕铭和吴晓铃，作为罗庸先生的弟子，他们中肯的评价，为我们烘托出儒者罗庸的形象。

目前能了解到的罗庸先生的学术活动，多是在儒学背景下展开的。先生从《论语》出发，观摄儒学。从初读《论语》到讲授《论语》，从在中山大学撰著《论语本证》到为西南联大《大一国文》[③]编选《论语》十章，可以看出先生对《论语》的研读是一以贯之的。而从中体悟出的“儒学要在力行亲

① 吴晓铃：《罗膺中师逝世35周年祭》，（昆明）《春城晚报》1985年3月30日。

② 同上。

③ 又名《西南联合大学国文选》。

证，决不许你徒腾口说”，则成为先生要求自己和观照学问的准则，《鸭池十讲》《习坎庸言》《中国文学史导论》无不依此展开。而入编本书的《儒家的根本精神》《儒学述要》《孟子比谊》三部分，则是要集中呈现罗庸先生对儒学思考的理论与实践。

《儒家的根本精神》是罗庸先生1942年在昆明电台的一篇演讲稿，后来收入《鸭池十讲》中出版。这篇文章是先生对儒学认知的集中阐发，具有开宗明义的作用。罗庸先生指出，儒家的根本精神就是中华民族的根本精神，其核心就是“仁”，而“仁”则需要“克己复礼”来实现。先生通过详细分析克己的两重境界，即能克去外诱之私的“寡欲”和无忧无惧的“无我”，指出“仁”的实现全在这内省力行的功夫，而这正是问津儒学奥义的法门。

《儒学述要》是在云南省教育厅的讲演，先生直言：“中国学术的面貌，便是儒家的面貌。”在整个中国学术的背景下谈儒学，源流并举，鲜活自如。文章相对较长，分为四个小节：《周礼与鲁礼》《孔子与颜渊》《曾子、子思与孟轲》《七十子以后的儒学》。周文化是儒家的理想样板，罗先生将儒学的发展历程由此娓娓道来。此篇虽是文章，却不啻为一部言简意赅的儒学简史。

罗庸先生在中山大学执教时编撰过一部《论语本证》，收入本书十分合适。

> 在民国十四五年的时候，……便把《论语》中有关论学、论礼的话类抄起来，拿来解释“吾十有五而志于学”一章，自谓训诂颇有义据。其实对这一章全未了解，结果害得梁漱溟先生从北平西郊大有庄跑进城来，亲自登门下问，以为我真懂一章，直闹得我手足无措。现在既要教这书，便把这一套老家当搬出来，编了一种讲义叫《论语本证》，意在以本书证本书，不至于跑野马。①

但此书当时作为讲义，印量稀少，时至今日，尚未见其存世者。值得庆幸的是，先生曾在西南联大中文系和中法大学文史系讲《孟子》，“始略依《近思录》体例取原书依类重编之，为《比谊》七卷就，油印发布之”。《孟子比谊》与《论语本证》内省（以本书证本书）的编纂思想是一脉相承的，并且此书作为讲义，从油印本到石印本，印制数量相对较多，偶有传至于今者，使我们得以窥见，罗庸先生以内省方式重

① 罗庸：《我与〈论语〉》，收入《鸭池十讲》（增订本），北京出版社2016年版。

新编排儒家经典的实践成果。我们依据1943年石印本整理的这部《孟子比谊》，分为七卷，各卷皆有罗先生所拟题目，分别为：孟学大旨、大人之学、人伦、仁政、出处辞受、杂事、异学，各目之下皆为重新分割后的《孟子》原文材料，孟子思想体系跃然目前。这种排列方式，其突出价值当有两端：一方面，为初学者综观《孟子》而不受“徒腾口说”影响，提供了可能；另一方面，重新择取后的材料，虽然脱离原文章而成为孤立个体，但由于受共同主题统摄，其言说相似甚至相同之处不少，这为研究孟子表达方式甚至诸篇相互影响及其定型等诸多重要问题，提供了可供开拓的纵深空间。

搜罗整理罗庸先生的著述，已经有《罗庸西南联大授课录》（魏晋南北朝隋唐宋文学）、《中国文学史导论》、《习坎庸言校正》、《鸭池十讲》（增订本），算上这本即将编成的小册子，加起来五本了。这三四年时间里，罗庸先生的文章，笔者读之又读，愈读愈觉得先生学养浩瀚博大，难以用言辞表达周全。简而言之，不得肯綮，方家多指正为盼。

目 录

儒家的根本精神[①]

一个民族的文化，必有其根本精神，否则这个民族便无法存在和延续。中国民族，两千多年以来，虽然经过许多文化上的变迁，但大体上是以儒家的精神为主。所以，中国民族的根本精神，便是儒家的根本精神。

儒家的根本精神，只有一个字，那就是“仁”。《说文解字》说：“仁，相人偶也。从二人。”这个字在西周和春秋初年，还没人特别提出来当作为学做人的标目。到了孔子，才提出来教弟子。所以《论语》一部书里，弟子问仁的话特别多，孔子许多不同的答话，对仁的义蕴，也发挥得最透澈。仁就是孔子的全人格，两千多年以来，中国民族共同的蕲向，也便是这仁的实践。

《论语》里记孔子论仁的话，最简单扼要的莫如答颜渊的

① 此文原刊《国文月刊》第21期，1943年4月出版。

一句："克己复礼为仁。"克己就是克去一己之私，复礼就是恢复天理之公。因为人性本善，人格本全，只为一己的私欲所蔽，陷于偏小而不自知，便有许多恶行出现。有志好学之士，欲求恢复此本有之仁，便须时时刻刻做克己复礼的工夫。及至己私克尽，天理流行，自己的本然，也就是人心之所同然，自己的全体大用，也就是宇宙的全体大用。则天下不期同而自同，不期合而自合，所以说："一日克己复礼，天下归仁焉，为仁由己，而由人乎哉！"

但这为仁的工夫，只在日常的视听言动之中，并非在生活之外，别有所事。所以颜渊请问其目，孔子答他："非礼勿视，非礼勿听，非礼勿言，非礼勿动。"因为"闲邪存诚"，是克己的根本工夫；学而时习之，也便是实习此事。到了大段纯熟绵密，便可以"无终食之间违仁，造次必于是，颠沛必于是"，达于君子的境界了。颜渊在孔门是最纯粹的，所以孔子称赞他："好学，不迁怒，不贰过。""其心三月不违仁。""吾见其进，未见其止。"其实颜渊的得力处，只是让一息不懈地做收敛向里的工夫。这才真是"学问之道无他，求其放心而已矣"了。

克己的工夫，第一在寡欲，《孟子》"养心莫善于寡欲"一章，说得最亲切。因为一切的欲，都是由躯壳起念。心为物累，便会沾滞私小，计较打量，患得患失，无所不至，毁坏了自强不息的刚健之德。所以孔子批评申枨，说："枨也欲，焉得刚？"又说："刚毅木讷近仁。"盖不为物累，便能洒脱摆落，活泼新鲜，使生命成为天理之流行，与宇宙同其悠久。所以曾子说："士不可以不弘毅，任重而道远，仁以为己任，不亦重乎？死而后已，不亦远乎？"

能克去外诱之私，便能深根宁极，卓尔有立，所以木有似于仁。孔子称赞颜渊，说："吾与回言终日，不违如愚；退而省其私，亦足以发，回也不愚。"盖心不外驰，自然有此气象。孔子和左丘明都是讨厌"巧言令色足恭"的，就因为他"鲜仁"，所以仁者必讷。司马牛问仁，子曰："仁者其言也。"曰："其言也，斯谓之仁矣乎？"子曰："为之难，言之得无乎？"因为仁是由力行得来的，所谓先难而后获，所以君子"先行其言，而后从之"，到此才知一切言语，都是浮华了。

克己的最后境界是无我。《论语》说："子绝四：毋意，毋必，毋固，毋我。"意是揣量，必是武断，固是固执，都是意识所行境界中的妄念，因为私欲作主，便尔执持不舍，攀缘转深，把一个活泼无碍的生命，弄得触处成障，而其总根源都由于有我。因为我是因人而有的，人我对立，便是自己浑全之体的割裂，缩小，割裂缩小，便是不仁。所以克己不但要克去外诱之私，而且要克去意念的妄执；不但要克去意念的妄执，而且要克去人我共起的分别见。到了用力之久，而一旦豁然贯通，则大用现前，人我双泯，体用不二，天理流行，这才真是复礼，真是得仁了。

孟子教人在怵惕恻隐之发见处识仁，因为仁以感为体，他是寂然不动、感而遂通的。寂然不动便是静虚，感而遂通便是动直。内外无隔，有感斯应，如水就下，如箭在弦，所以仁者必有勇，仁者必敏。静虚之极至于无我，则死生得失不介于怀。动直之极至于自他不二，则不达于得仁不止。所以君子无求生以害仁，有杀身以成仁，是极从容自然的事。到此境界，只有内省不疚，是惟一大事，此外都无忧惧，心境自然坦荡平愉了。

无忧无惧，便是知命乐天，孔、颜乐处在此。到此境界，岂但富贵不能淫，贫贱不能移，威武不能屈；直是素位而行，无人而不自得，圣人之从容中道盖如此。然究其极，亦只是做到了尽心率性，并非于人生本分外有所增加，极高明亦不过道中庸而已。

这便是儒家的根本精神。我民族二千年来涵濡于这精神之中，养成了一种大国民的风度。那便是寡欲知足、自强不息、爱人如己、敏事慎言的美德。我民族所以出生入死，百折不回，屹然立于不败之地，全靠了这一副哲人精神为其自信力。发扬这一种精神，便成为全人类共同的信念，是我民族的责任，应该当仁不让的。

三十一年（1942）五月十三日昆明广播电台讲。

儒学述要*

* 此文是罗庸先生在云南省教育厅的演讲，由戴子煌、李光溪记录，分两次发表在《云南教育》上，题名为《儒学述要》。后来，《云南师范大学学报》在1990年第5、6期上又重登此文，题为《儒家述要》（此次登载，对文字进行了处理，已不合原貌）。我们认为，此文最早发表时，文章题目及内容最终由罗先生确定，故本次整理以《云南教育》所载为底本。

大体上说，中国的学术受儒家的影响很深。中国学术的面貌，便是儒家的面貌。所以我们对儒学，自应有相当的认识。兹分为四个题目来讲：一、周礼与鲁礼；二、孔子与颜渊；三、曾子、子思与孟轲；四、七十子以后的儒学。

一、周礼与鲁礼

我们平常读《论语》，常常见到孔子对于周公是非常的赞美。他说：“甚矣吾衰也！久矣吾不复梦见周公。”又说：“周监于二代，郁郁乎文哉！吾从周。”为什么孔子要盛赞周朝呢？因为周的文化，实际上就是儒家的理想。中国的文化，自夏以来，一向是以农业为根据的，大禹会治水，便是一个说明。孔子说：“夏礼，吾能言之，杞不足征也；殷礼，吾能言之，宋不足征也。文献不足故也。足，则吾能征之矣。”夏朝的文化，是以农业为主的。殷朝的文化，特点是工商业，所以现在一般人，还称经商的人为“商人”。不过到了商的末叶，农业也很发达。周本来不是农业民族，但到了周变为农业民族。从历史的眼光看来，一个民族，从游牧变为农业民族，这实在是文化上一大进步。中国自周起，奠定了农业社会的基础，这对以后文化的发展有莫大的贡献。大概说来，凡是农业社会，其特点有四：（1）地址固定；（2）有家庭组织；（3）有宗法制度；（4）实行封建制度。

政治方面，自君主以至诸侯，多为血统关系。社会组织的伦理，便是封建社会的基础，有人曾把西洋的封建制度，来比中国的封建制度，这是很大的错误。因为中国的社会，大体上说，是以伦理为中心的，家庭亦然。所以中国的社会，不能以法治，只可以礼治。因为这种制度，系建立在人与人的情感之上的。中国的文化与西洋的文化不同便在于此，维系中国社会的，并不是法，而是礼。周代的社会组织，是以此为根据的。根据这一点，便将一切制度，建立在宗法伦礼的“礼”上。我们知道，周代的婚礼，是非常隆重的，说中国不重视女权，从过去看，实属不然。例如男子当娶，必须到女家亲迎，并且还要替女子赶车，这些都是尊重女子的表征。现在也有人说，这是掠夺婚姻的遗迹。倘若论周朝文化的伟大，就在于能熔各代文化于一炉，给予新的意识。这是周的特点。而且礼乐相联，造成一个统整的社会制度，这实在可以代表中国文化的特点，也便是奠定以后各代文化的基础。直到周东迁以后，周朝文化的熔合性的光辉，才逐渐减退。其中只有鲁国，尚能保持周代文化的整体。周以后，鲁人保留周代文化为最多。春秋以后，人们仰周之余威，便视鲁为具体而微的“周朝”。故后人常以周公和孔子相提并论，实因孔子与周，有文化上共鸣的缘故。

周朝的文化，到了春秋战国，从重礼义一变而为重利害。这个时候，人的本性，日趋于下。孔子当日看到此种情形，甚为担忧。因为当时的社会，存在三大危机：（1）统一的政权崩溃；（2）国内社会组织的混乱；（3）文化的变化和变质。

孔子大声疾呼，希望能够力挽狂澜而谋安定，是因为过去周礼所表现的是人类正常的心理，此后即变为反常的发展。那么，人的精神上的礼法，便要从动摇而至于崩溃。这种情形在孔子时代极为显著，这便是孔子急于作《春秋》的动机，以为文化既已逆转，则人类将恢复到历史兽性的时代。为了扭转此种丑恶现象，惟有恢复周朝的礼乐。但这不过是一个理想。因之退一步主张恢复人性，认为人性可以恢复，则天下尚有可救，所以孔子晚年的思想，多从哲学上发展，尤以读《易》为主。所以孔子说："加我数年，五十以学《易》，可以无大过矣。"孔子晚年研究哲学，启发人性，即以"仁"为中心。到了孟子，主性善，不惟把孔子的哲学发扬光大，而且除"仁"字之外，更加上"义"字，便成了"孔曰成仁，孟曰取义"的儒学，于是中国文化从"礼乐"而为"仁义"了。孔子以前，学在官守，孔子以后，学在私门。学在官守时，提倡礼乐尚有依据；学在私门时，既无以兴礼乐，则惟有讲"仁义"而已矣。这便是由周公到孔子的这一段变迁。

二、孔子与颜渊

孔子是最不容易讲的伟大人物，他在中国历史上及中国文化上的地位，是非常重要的。历代人对孔子就有各种不同的看法，反对孔子也由来很久，在《庄子》《墨子》书里，就有反对孔子的学说。一个伟大的哲人，看的人所取的角度不同，认识也就不同。比如讲孔子就可以有：（1）孔子与周公；（2）孔子与颜渊；（3）孔子与孟子；（4）老子与孔子。四种讲法，我取第（2）种。

宋人程、朱，喜欢谈“寻孔颜乐处”。孔子说：“饭疏食，饮水，曲肱而枕之，乐亦在其中矣。不义而富且贵，于我如浮云。”孔子又说：“贤哉，回也！一箪食，一瓢饮，在陋巷，人不堪其忧，回也不改其乐。贤哉，回也！”宋朝以后的人，喜欢将孔、颜连在一齐来讲，这是很可注意的。

孔子一生的志愿，是使周公的事业发扬光大，所以非常重视鲁国。他全部学问的中心问题，注重在礼。我们只要读《礼记》的《曲礼》《檀弓》，便可见礼的条目很繁琐，尤其是丧礼，墨子就是反对孔子的礼。司马迁《太史公自序》云：“累世不能通其学，当年不能究其礼。”也是说礼的繁琐。孔子处在当时的环境里，政治理想不能实现，便想用一种教育方法，实现政治的理想。孔子在六十岁以前，是从事政治，注意教育，六十岁以后，整个献身在教育事业上。弟子三千，成名就有七十二贤。在弟子中，只有颜渊是孔子最得意的，其他弟子不如颜渊那样被孔子赞叹不已，所以孔、颜合看，是很能得到真相的。

我们上次讲周代文化，同农业自然是非常的接近。就好似工业文化同机器是接近的。农民终日在田里，人与自然来比，自然太伟大，人太渺小了，所以人没有力量同自然争衡。中国人靠天吃饭的观念便来于此。愈觉得自然伟大，愈觉得个人渺小，这样就产生宗教，宗教观念再演变，就成为后来的哲学。老子的思想也是这样产生的。照道家的思想来看，自己既然渺小，就该一事不做，任天而行，这样自然就是我，我就是自然，自然与我合而为一。儒家则不然，是扩大自己的人格以求同天。而《易经》所讲的“天行健，君子以自强不息”，这种自强不息的精神，便是孔、颜的共同点。

庄子对孔子批评得最厉害，他也是反对孔子最激烈的人物，另一面却赞美颜渊，庄子在《人间世》讲颜渊的心斋那一段文字，非常重要。在这里，孔、颜同天的精神，又是道家所承认的。

先讲孔子。要认识孔子，应该由历史着手。那时，国际变迁非常激烈，孔子便生在这恶劣的社会环境里。他不是鲁国人，他的父亲叔梁纥，母亲颜氏。以我的推算，他是从宋国迁到鲁国，不过已有七十多年。只要读《礼记》的《檀弓》就知道孔子对宋国的感情比鲁国还深。孔子一直到死也没有忘却他是殷人之后，却微服而过故乡，因为他的观念同当时人不同。孔子着眼在整个人类的文化，他最高的理想是“仁”，在《论语》里，孔子对“仁”发挥的意义最多。孔子自述：“吾少也贱，故多能鄙事。”孔子早年的生活是很苦的。他四十岁开始收弟子，曾和鲁昭公到齐国避难；五十岁时，定公任命孔子为中都宰，后做到司空，再升为大司寇，有夹谷之会摄相事。孔子在政治上、外交上成绩是卓越的。又派子路为季孙氏家臣，隳三都，藉此削弱三家的力量。鲁定公对孔子言听计从，其后齐人归女乐，孔子便周游列国。在卫国住得最久，因为卫国保存着周文化，在礼乐方面的收获很大。陈国是很小的国家，但接近楚文化，孔子到陈后，又想到晋国而未成。他的旅行可以说是文化的考察。由五十岁一直到六十岁都是在外边游历，回国以后，七十三岁卒于家。《论语》这部书，是孔子的弟子或再传弟子记载孔子最主要的著述，是儒家最重要的经典。欲明孔子各方面的成就，非细心研究《论语》不可。

在《论语》里，有一段孔子的自述："吾十有五而志于学，三十而立，四十而不惑，五十而知天命，六十而耳顺，七十而从心所欲，不逾矩。"这一段话道理精深博大，不容易讲，他给我们清清楚楚的启示：做学问的功夫，要自己向内，才能有所成就，不应向外驰求。在孔门弟子中，能拳拳服膺于"仁"的只有一个颜渊。他只管自己教育自己，充实自己。孔子赞扬他道："回也，其心三月不违仁，其余则日月至焉而已矣。"另一个弟子子张，他的精神是向外发展的。曾子这样批评他："堂堂乎张也，难与并仁矣。"孔门的教育是自己照顾自己，自己完成自己。孔子说："吾十有五而志于学。"学什么呢？即是立于礼。孔子说："不知命，无以为君子也；不知礼，无以立也；不知言，无以知人也。""四十而不惑"，于事物之所当然，皆无所疑。即是判别事物的力量，已经通透于事理，无所疑惑。"五十而知天命"，此天命即《中庸》所谓"天命之谓性"，知天命即宋儒所谓"见性"。"六十而耳顺"，朱注谓："声入心通，无所违逆，知之之至，不思而得也。”这种境界是很不容易达到的。“七十而从心所欲，不逾矩”，矩亦礼也。这种境界很高，很不容易达到。圣人达到了这种境界，人的生活同自然合而为一，到了这种境界，时间与空间都没有了。圣人的生命，虽然不能永远存世，而天地一日不绝灭，圣人之道就永存于世。孔子说：“朝闻道，夕死可矣。”如果你一天得道，就是你一天没有死。同宇宙一样的不会消灭，这种最高境界，不是渺小、自私的人所能达到的。可见圣学之不容易学，就在于此。怎样才能达到“仁”的境界？只有好学。孔子说：“十室之邑，必有忠信如丘者焉，不如丘之好学也。”又说：“三人行必有我师焉，择其善者而从之，其不善者而改之。”再说：“发愤忘食，乐以忘忧，不知老之将至。”这是孔子终日不息的好学精神。宋儒训学为效，王阳明则训为觉，程朱、陆王的异同就在于此。朱子一生的学问，就是在格物穷理，即“人心之灵，莫不有知，天下之物莫不有理”。孔子好学，没有一分钟一秒钟的放掉，这便是自强不息。不息的意义是自然宇宙本来具有，生命流行本来没有一分钟一秒钟停息的。譬如电灯片刻性熄灭，我们就感觉不方便。人的身体也是片刻不停息，人应该这样教育自己，假如以为力量不够就不努力向学，这便是生命的衰息。为学如逆水行舟，不进则退。克服自己的懒惰，发愤自强自立，这样就是君子自强不息的功夫。孔子不许人有一秒钟的偷懒，在孔子眼中不允许有丝毫的夹带，在光天化日之下，一切都要透明透亮，没有一分隐藏。在孔子弟子中，也只有颜渊深知孔子的伟大，师生彼此心心相印，最为默契。有一天颜渊感慨地叹了一声："仰之弥高，钻之弥坚；瞻之在前，忽焉在后。夫子循循然，善诱人，博我以文，约我以礼。欲罢不能，既竭吾才，如有所立卓尔。虽欲从之，末由也已。"这是颜渊赞扬孔子的话，很不好懂。按照文意的次序，应该分为三段来讲：

第一段："夫子循循然，善诱人，博我以文，约我以礼。"

第二段："仰之弥高，钻之弥坚；瞻之在前，忽焉在后。"

第三段："欲罢不能，既竭吾才，如有所立卓尔。虽欲从之，末由也已。"

孔子深知每个弟子的程度，因材施教，慢慢地引导上路。弟子在未做学问之先，心量并不开阔，故先教以博之。这里的"文"是指"六艺"，教人最先尽量去博学，在博学方面已做过功夫，再继续做约功夫。就是把所学的消化，变成自己的能力，应用在日常生活上。孔子全部学问，只有颜渊懂得最透彻，也只有颜渊身体力行，颜渊会用功，愈用功而愈知道孔子的哲理是圆的，上下四方都照顾得到。他的学问是绝对的，也就是博大精深，丝毫不能苟且。颜渊日夜不息地用功，也没有达到孔子的境界，可是他的学问真有所得。真正会用功的人，才能体会到颜渊说的道理。他这一段话是立体的，而不是平面的，立体的观念是向上的。孔子是这样赞叹他的："语之而不惰者，其回也与！"孔子对颜渊说："惜乎吾见其进也，未见其止也。"孔子真正认识颜渊，也只有颜渊真正认识孔子，宋儒程朱理学家喜谈"寻孔颜之乐"，就在这种师弟契合的地方。

一个富人，他没有人生乐趣，住的高楼大厦，吃的山珍海味，坐的豪华汽车，仍终日怅怅不乐，因为他的乐是向外的。真正懂得乐的人，要深刻了解生命是不息的。不息是靠好学入手。颜渊问"仁"，孔子回答他："克己复礼为仁。一日克己复礼，天下归仁焉。"你要每天改过自新，随时随地把自己改变成尽善尽美的完人。由这里看颜渊的学问进步真是飞跃的。一个人修养到这种境界，是永远不会衰老的。可以这样说，孔子活到七十三岁，他还是一个赤子。孟子说："大人者，不失其赤子之心者也。"孔子和颜渊正是如此。

三、曾子、子思与孟轲

中国近八百多年以来，民间思想受四书的影响很大。四书里的《大学》《中庸》，本是《礼记》里的两篇，宋儒认为《大学》是曾子作的，《中庸》是子思作的，现在我就根据《大学》《中庸》来讲曾子与子思。可以这样说：曾子是孔门最笃实的学生；颜子是孔门最聪明而又最笃实的学生。假如孔子有两个学生，一个聪明而不笃实，一个笃实而不聪明，孔子宁取笃实而不聪明的学生。在孔门弟子中，曾子的天资最愚鲁。孔子说："参也鲁。"而曾子成就最大，得夫子一贯之道。有一天孔子对曾子说："参乎，吾道一以贯之。"曾子曰："唯。"子出，门人问曰："何谓也？"曾子曰："夫子之道，忠恕而已矣。"曾子的学问是身体力行出来的，同时也是亲身体验出来的。曾子的天资并不高明，而传夫子之道的就是他。《汉书·艺文志》著录《曾子》十八篇，在《大戴礼记》有《曾子本孝》等十篇，疑即《汉书·艺文志》所录。还有一部《孝经》也是曾子作的，或者是曾子的弟子记的。可见大、小戴《礼记》当中，包括曾子的书很多。《大学》这篇是在《小戴礼记》里，其价值在其他各篇之上。朱子以为经一章是孔子之言，传十章是曾子所述，以经合传，大体相符，只少了“格物致知”一段，于是加上格物补传，就是现在“四书”分的本子。宋以后很多人，认为《大学》没有脱文错简，就有《大学》古本之说，阳明就是主张《大学》古本的。因为本子之不同，就影响到程朱、陆王学派之不同。朱子和阳明的学问是绝对相反的，我们念《大学》首先应该注意这一点。《大学》是教人如何用功，因解说不同，效果也就不同。《大学》有三纲八目：三纲即明德、新民、止于至善。八目即格物、致知、诚意、正心、修身、齐家、治国、平天下。简称为格、致、诚、正、修、齐、治、平。这一套工夫，由修身到齐家、治国、平天下的道理是容易懂的。由修身以上必须说明，《大学》说：“欲修其身者，先正其心。”原来“正”字和“止”字同义，正字下面的止是像人的足，上面一横，表所止之处。古人学射，必须在地上画表，人的足便停止在那里，这是正字的本义。在古音上来说，正与“定”同音，正心就是定心，也就是安住其心。要一切行为都对，必须在定心上才能分别出来。怎样才能正心呢？我们要把心意弄得绝对诚实，自己不欺骗自己，一切念头都放在诚上，如饥之于食，渴之于饮，如此才不会妄想。但如何能诚实呢？那就必先格物致知才行。

格物致知，按照朱子的讲法，就是即物穷理，遇一物即穷一物之理，用力之久，一旦豁然贯通，便物理大明，那就是致知。用现在的话来说，物就是事物，格就是研究，就是透彻的研究，把每件事物的道理都要格到家，今天格一物，明天格一物，久之物物都能格，便是致知。朱子用功的方法，很接近于现代科学家治学的精神。象山则认为今天格一物，明天格一物，天下之物那样多，永远也没有办法格完。阳明也做过朱子格物的功夫，今天格一物，明天格一物。他格竹子之理，格了七天，格不出所以然，人也弄病了。他对朱子的格物说法，也就不相信了。照阳明讲格物，格者拒也，这物是不对之物，格物就是格其不正，以归于正，总的说来，就是把一切不正的都把它格出去。良知不为物蔽，这就是致知了。这种讲法很近于颜渊的寡过、孟子的集义，但《大学》的本意是否如此，很成问题。朱子说格物穷理，不要以为物是格不完的。人之用功，只要一路通了，则路路都通，照推理的方法知道了甲，就可以知道乙，所以颜渊闻一知十，就是这个道理。如果天下之物，样样都用功夫去研究，以有限之生命，追求无穷的学问，真是用功到死，也弄不清楚多少。我们对朱子的格物，千万不要产生这样的误解。

现在提出《大学》三纲："大学之道，在明明德，在亲民（程子曰：'亲'当作'新'），在止于至善。"明德是什么？人类和其它动物之不同，就是人类有明白道理的性格，其它动物没有。人类就应该把其生命特别明白道理的那一部分，尽量让他发挥出来。假如他不明白这种明道的道理，可以用教育使他明白，这种叫明明德。人类与其它动物不相同的地方，中国人和外国人说法不同。外国人说：人类是高等动物，这话是不对的。在中国很早儒家就有分别：人之所以异于禽兽者几希。人类的文化与猪狗的文化不同，人类有精神文化，能创造物质文化，猪狗就没有这些，只求生存而已。人类生活的目的不仅为求生存，还有超出生存的意义。在国家危急存亡之秋，可以杀身成仁、舍生取义，人之可贵就在这里。人可以自己教育自己，同时可以教育别人，一切文化都是帮助人在做人，每一个中国人，读了古先圣贤遗言，就应该懂得这一点。这是教育第一义，这就是在明明德。明德以后，就可以新民，就要"苟日新，日日新，又日新"，天天过他的新生活，一切懒惰、苟且都可以一扫而空，努力改造，大家能过恰到好处的生活。就如孔子答鲁定公所说，"君君臣臣，父父子子"，各人都尽各人的责任，就把国家弄好了，这就是止于至善。《大学》的大意是这样，比《论语》更进一步，把孔子的学问体系化了。

《中庸》是子思作的，在《荀子·非十二子篇》和两戴《礼记》里都提到子思，宋儒很重视子思之学。《中庸》照朱子分为三十三章，可分为几个纲领条目来讲，率性修道，自明诚，自诚明，最后条目是致中和。庸之本义是“用”，《中庸》即“中用”。怎样才使人中用，必须懂得率性、修道这一套功夫。孔子不肯定地讲性善或性恶，孔子只讲“性相近，习相远”，一个四五岁以下的小孩子，将来是好是坏，我们不可得知，人类是靠教育来改造人生，不必肯定说人性是善是恶。孟、荀分别主张性善、性恶，是他们立言如此。《中庸》第一章讲：“天命之谓性，率性之谓道，修道之谓教。”天命是自然所赋予人或物的性。譬如茶杯不能写字，而粉笔能写字，因为粉笔有写字的性。人不用耳朵讲话，只能用口讲话，因为口有讲话的性。一个人生下来，能尽量发挥他的本性，不要中途停顿，或偏畸，这样便是完人。这在孟子叫作尽性，在《中庸》叫作率性。孟子常说“人皆可以为尧舜”，就是任何一个人，都可以把自己做成一个完满的人。我们本来都可成圣人、贤人。不能成为这样的人，儒家认为是自己毁灭自己。所以要把率性的道理常常修明，这就是教育了。这率性的起手功夫，就是做每一件事情都不要自欺，把每一件事情都弄得确实明白，这就是明诚。不论做任何事情，都要恰到好处，这就是致中和。这些话很不容易理解。在《论语》里，孔子的弟子常问孝问仁，孔子的答复各人不同，这便是时中之用。《中庸》最高的目的，就是中用，把坏环境弄好，才是中用。“致中和，天地位焉，万物育焉。”小人就相反，小人只是自私，自私就毁灭了自己，同时也毁灭了宇宙人生。孟子的道理是根据曾子、子思的学问而来的。孟子说：“人之所以异于禽兽者几希。”人类与禽兽的不同，在上面略略讲过。在战国时代，在那非人的社会里，孟子就拼命地讲人性是善的，言必称尧舜。《孟子》全书的纲领，即“仁心”“仁政”。仁心是孟子自己的修养，所谓知言养气。孟子讲不动心，即《大学》里所讲的“正心”。孟子曰：“我知言，我善养吾浩然之气。”孟子的养气，就是颜渊的改过功夫，也就是“不迁怒，不贰过”的功夫。今天做一件善事，明天又做一件善事，由此心安理得，理直气壮，这就是孟子的集义功夫。孟子的学问，就是要做到心安理得理直气壮的境地，这是孟子的气象，知言养气的功夫不是外来的。有一句名言说：“三折肱为良医。”这话很有深意。由孔子到颜子、曾子、子思、孟子，儒家这一套学问，都是由克己入手，以恢复人类的本性，人性一复，天下自然太平，世界立刻成为一个理想的乐园。反之，人心愈乱，天下就愈乱。在这里，顺便谈到学国文的问题，学国文也要知道孟子知言养气的功夫，韩退之《答李翊书》就是受孟子知言养气功夫的影响，每一个国文教师都应该知道这套功夫：大家能够在知言养气上下功夫，不仅是对修养上有帮助，就是对作文章也有很大的帮助，下次继续讲七十子以后的儒学。

四、七十子以后的儒学

现在用很简单的演讲，将七十子以后的儒学讲到近代。荀子在《非十二子篇》反对许多儒家，此外还有韩非的《显学》篇，说孔子以后，儒分为八。在《显学》篇可以看出儒学在战国很盛行，儒家学派可分为八派："有子张之儒、有子思之儒、有颜氏之儒、有孟氏之儒、有漆雕氏之儒、有仲良氏之儒、有孙氏之儒、有乐正氏之儒。"孔孟弟子皆包括在里面，班固著《汉书·艺文志》，著录《子思子》二十三篇，《礼记》的《中庸》《坊记》《缁衣》《表记》等篇，都出于《子思子》，从文体上来看很像《论语》。另外曾子所著十八篇，《大学》一篇，宋儒认为曾子所作，他篇已经失传。在孟子、荀卿以后，《小戴礼记》包括了许多儒学。《礼记》之所以称为记，本是《仪礼》的记，两戴《礼记》关于冠、婚、丧、祭等礼是《礼记》的本身。此外记载古代的制度，如明堂位，其它还有历史上的材料，同《论语》性质相近的，有《哀公问》等篇。关于学派的分别相当麻烦，要知道各篇的时代比较容易，就是要从文体来看，孔子时代的文体很短，《论语·季氏》首章，文字比较长，据清朝考据家的考证，认为是伪托的。像《礼记·礼运》篇那样文字很长又有体系，足见是很晚的。十三经中的《礼记》，没有好的注疏，因为《礼记》比较难读，全书的内容复杂，直到今日还未能透澈整理出来。现在从《易传》《荀子》来讲，《易经》的内容同《中庸》很相近，是讲天道。《荀子》这书不是讲天道而是讲人道，他认为人道讲得好，天道亦包括[①]在里面。孟子也是讲人[②]道的，同荀子所讲的人道不同。荀卿有两个大弟子，一个是韩非，一个是李斯。这两个人都是法家。那时是礼坏乐崩，儒家没有办法来教人，只有根据人伦来讲孔子的礼。孟子没有具体的材料讲礼，所以孔子讲仁，孟子讲仁义。因为礼没有了，便用义来代礼，孟子讲义，等于孔子讲礼，当时是礼坏乐崩，风俗荡然。子思作《中庸》，开始就讲："天命之谓性，率性之谓道，修道之谓教。道也者，不可须臾离也；可离非道也。"这一段完全是讲人生哲学的本体论。荀子学问的规模是保有儒

① 原刊误作"活"。

② 原刊误作"天"。

家原来的真面目的，他的重心是在讲周公与孔子，荀子的《礼论篇》《乐论篇》《天论篇》最为重要。子思、孟子是推崇孔子的学问，荀子是发扬周公与孔子的礼乐。荀子的天论为他最重要的理论。照荀子的意思，天对人并不苛待，而是人自己对不起自己，你只要自尊自贵，为圣人不求知命，只管人事，不管天命。《中庸》所讲非知天命不可，荀子的看法恰恰相反，他在《性恶篇》主张人性是恶的，可用教育的力量由恶改为善。因为孟子主张人性是善的，荀子就主张人性是恶的，他希望人努力克服人的恶性。在中国古代学术史里很少有人讨论性的问题，只有孔子说过："性相近，习相远。"也没有说到人性一定是善，或人性一定是恶。到了孟、荀，对性的看法，就各走极端。荀子是主张戡天主义，在《荀子·劝学篇》教人要拼命地努力，这种好学的态度，仍是发挥孔子守近的精神，不要管得太远，把目前的事弄得尽善尽美。荀子是主张法后王之说，真正好的圣人，不一定考虑夏、商、周，一定有能应付现实的才干，才是理想中的圣人。孟子则反是，开口必谈尧舜、圣君贤王，他是主张法先王。荀子法后王的精神很接近孔子的本来面目。就荀子的学问来说，他是比孟子还好，不过荀子太注意现实，因为时代的关系，到了坏的时候，有一种人就特别注意现实，如伊尹，必须要有他那种魄力，那种担当，假若你有伊尹的志向，就可以有样做，反之就不可能。荀子的学问没有注意到这一点，所以由荀子就一直变到韩非、李斯。另外一种人，感觉社会紊乱，自己就站远一点，保持自己独立的人格，效法“先王之道，以待来者”，有点像伯夷之清。因此之故，孟子的学说大倡于后世。除《荀子》以外，还有一部《易经》——这部书的《十翼》相传是孔子所作的。根据最近历史考证，不一定是孔子所作的。《易传》不管是谁作的，而与儒学有关。《易经》这部书在中国哲学上达到登峰造极的境界，明天道，知人事。“易”有三种意思：第一是不易，即是永远不变动。第二是变动之易，宇[①]宙不停地在那里变化，所谓“天行健，君子以自强不息”。第三是简单之意，人生的问题，看起来是很复杂，其实是很简单。《易经》本于太极，太极生两仪，两仪生四象，四象生八卦，八八即六十四卦。宇[②]宙的本体是不容易知道的，由表面来看，是一个相对的现象。如好恶、东西，我们可以这样说宇宙是互相对待，一切的事情都是对待变化，你认得了天道，人道的变化也就认得了。《易经》同《中庸》的道理很接近，与荀子的学问离得很远了。

自从秦焚书以后，一直到西汉的儒学，汉武帝罢黜百

① 原刊误作“宅”。

② 同上。

家，表彰六经，受阴阳五行思想影响很深。两汉四百多年以来，《论语》《易经》这两部书，没有人特别注意，两汉的经学，没有了不起的贡献，那时的社会，也非常平静。到了三国，天下大乱，人民的生活非常困难。佛教传入中国，在三国末年，大家都认为佛学的哲理比中国的哲理要高明得很多。乱极思静，就来潜心学佛学。中国原来没有这样的学问，只有《老子》《庄子》《论语》《易经》，简称易老庄“三玄”之学，又名魏晋玄学。都是把儒道混合而谈，这就是清谈家，一切面对的现实让它毁灭了。这种现象正是荀子所怕所反对的。一直到了隋唐之际，比较高明之士，都投到佛教禅宗里去，隋唐的《传灯录》，儒家的道理在当时不能与之相比。到了王通，他是北朝旧派儒家，是隋末唐初了不起的人物。唐朝开国最著名的人物，都是他的弟子。文中子死了以后，唐朝第二人就是韩退之，他是承继孟子的道统，他最有名的弟子是李习之，作有《复性书》。他讲义理之学比他的先生高明得多了，以《中庸》为基础，发挥他高深的学理，开后来宋明理学的先河。

到了宋朝初年，出来陈抟、邵康节、周濂溪，而儒学一变。濂溪作有《太极图说》，把《易经》道家化，但《通书》却恢复了儒家高深的面目。除了以上几位外，有程明道、程伊川、朱熹、张载，宋明理学，受禅宗的影响很大，就是把禅宗的最高境界同孔颜之学合而为一。程朱主敬，是奠定理学的基础，就是要把孔孟的精神表现出来，因为中国后来礼坏乐崩，要想做居敬的功夫是不容易的。西洋人办公就专心办公，下公后就不管公家事。中国人讲孔孟之学，而行为恰恰相反；西洋人不讲孔孟之学，人家到处合孔孟的精神。中国人受了老庄的影响很深，中国的社会是礼坏乐崩，中国人做事就是马马虎虎。两程子就是做主敬功夫，时时照顾自己的本心之明，仁就表现，同时明德也就表现。伊川主敬就是随时随地专心把自己弄好，如走路就专心在走路上，如读书就专心在书本上，如写字就专心在写字上。陆象山偏于禅学，提出主静，就是静坐，动与静相互为用。一天只有静没有动，也是不大好，或有一天只有动没有静，也是不大好。一天有时候静一下是很好的，静观喜怒哀乐之未发，人愈静，心愈灵，人愈乱，心愈不灵。

朱子是讲格物致知，即一事之两方面。实际说来，朱陆之学合起来，才是学问的真面目。元明以后把陆象山的学问看成别派，王阳明的学问就是由象山那里来的。致良知之学是阳明学问的全部，可以说受禅学的影响很深。王门的弟子，都能够带兵打仗，到了明末，理学就衰。清代的朴学发达，清朝开山大师有顾炎武、黄梨洲、王船山，就是讲新的理学，经学即理学。清代中叶以后，讲经世致用之学，真正得到经世致用的真髓，在政治军事修养上毫无毛病一洗空洞的弊病的，恐怕是曾文正公了。最近几十年，西洋学传入中国，康南海、梁任公主张变法。最近有两位大师，一位是马一浮先生，一位是熊十力先生。马先生的学问近于象山、慈湖，熊先生的学问近于阳明、船山。马先生著有《复性书院讲录》，熊先生著有《新唯识论》《读经示要》等，都是不可不读的。

孟子比谊

罗庸编次

重印题记

二十七年秋，避寇云南蒙自，为西南联合大学中国文学系诸同学说《孟子》，始略依《近思录》体例取原书依类重编之，为《比谊》七卷就，油印发布之。越四年，为中法大学文史学系诸同学重说是书于昆明，仍用《比谊》为讲义。油印既已不胜其烦费，遂谋付诸石印，兼以便校外学人之索求。余于孟学无所得，而又深以徒腾口说为惧，是编之辑，第以免听讲者翻审之劳，非敢有所进退于其间。学者手持诵读，反复参稽，仍当以原书为据，是则余之望也。

三十二年五月四日，

罗庸记于昆明大绿水河畔之习坎斋。

卷　目

卷一　孟学大旨[①]

一

公孙丑问曰："夫子加齐之卿相，得行道焉；虽由此霸王不异矣。如此，则动心否乎？"

孟子曰："否。我四十不动心。"

曰："若是，则夫子过孟贲远矣。"

曰："是不难。告子先我不动心。"

曰："不动心有道乎？"

曰："有。北宫黝之养勇也：不肤挠，不目逃。思以一豪挫于人，若挞之于市朝。不受于褐宽博，亦不受于万乘之君。视刺万乘之君，若刺褐夫。无严诸侯。恶声至，必反之。孟施舍之所养勇也，曰：'视不胜，犹胜也。量敌而后进，虑胜而

① 原讲义仅在文中各卷首标以卷数，各卷标题为编者后加。

后会，是畏三军者也。舍岂能为必胜哉？能无惧而已矣。’孟施舍似曾子，北宫黝似子夏。夫二子之勇，未知其孰贤，然而孟施舍守约也。昔者曾子谓子襄曰：‘子好勇乎？吾尝闻大勇于夫子矣。自反而不缩，虽褐宽博，吾不惴焉；自反而缩，虽千万人，吾往矣。’孟施舍之守气，又不如曾子之守约也。”

曰：“敢问夫子之不动心，与告子之不动心，可得闻与？”

“告子曰：‘不得于言，勿求于心；不得于心，勿求于气。’不得于心，勿求于气，可。不得于言，勿求于心，不可。夫志，气之帅也；气，体之充也。夫志至焉，气次焉。故曰：‘持其志，无暴其气。’”

“既曰‘志至焉，气次焉’，又曰‘持其志，无暴其气’者，何也？”

曰：“志壹则动气，气壹则动志也。今夫蹶者趋者，是气也，而反动其心。”

“敢问夫子恶乎长？”

曰：“我知言，我善养吾浩然之气。”

“敢问何谓浩然之气？”

曰：“难言也。其为气也，至大至刚，以直养而无害，则塞于天地之间。其为气也，配义与道，无是馁也。是集义所生者，非义袭而取之也。行有不慊于心，则馁矣。我故曰：告子未尝知义，以其外之也。必有事焉而勿正，心勿忘，勿助长也。无若宋人然：宋人有闵其苗之不长而揠之者，芒芒然归，谓其人曰：'今日病矣，予助苗长矣！'其子趋而往视之，苗则槁矣。天下之不助苗长者寡矣，以为无益而舍之者，不耘苗者也。助之长者，揠苗者也，非徒无益，而又害之。"

"何谓知言？"

曰："诐辞知其所蔽，淫辞知其所陷，邪辞知其所离，遁辞知其所穷。生于其心，害于其政；发于其政，害于其事。圣人复起，必从吾言矣。"

"宰我、子贡，善为说辞。冉牛、闵子、颜渊，善言德行。孔子兼之，曰：'我于辞命，则不能也。'然则夫子既圣矣乎？"

曰："恶！是何言也。昔者子贡问于孔子曰：'夫子圣矣乎？'孔子曰：'圣则吾不能，我学不厌，而教不倦也。'子贡曰：'学不厌，智也；教不倦，仁也。仁且智，夫子既圣矣。'夫圣，孔子不居。是何言也！"

"昔者窃闻之：子夏、子游、子张，皆有圣人之一体；冉牛、闵子、颜渊，则具体而微，敢问所安？"

曰："姑舍是。"

曰："伯夷、伊尹何如？"

曰："不同道。非其君不事，非其民不使，治则进，乱则退，伯夷也。何事非君？何使非民？治亦进，乱亦进，伊尹也。可以仕则仕，可以止则止，可以久则久，可以速则速，孔子也。皆古圣人也。吾未能有行焉，乃所愿则学孔子也。"

"伯夷、伊尹于孔子，若是班乎？"

曰："否。自有生民以来，未有孔子也。"

曰："然则有同与？"

曰："有，得百里之地而君之，皆能以朝诸侯，有天下。行一不义、杀一不辜而得天下，皆不为也。是则同。"

曰："敢问其所以异？"

曰："宰我、子贡、有若，智足以知圣人，污不至阿其所好。宰我曰：'以予观于夫子，贤于尧舜远矣。'子贡曰：'见其礼而知其政，闻其乐而知其德，由百世之后，等百世之王，莫之能违也。自生民以来，未有夫子也。'有若曰：'岂惟民哉？麒麟之于走兽，凤凰之于飞鸟，泰山之于丘垤，河海之于行潦，类也。圣人之于民，亦类也。出乎其类，拔乎其萃。自生民以来，未有盛于孔子也。'"（《公孙丑》）[①]

① 罗庸石印本在所引《孟子》原文段末注以篇名，下同。

孟子曰："伯夷目不视恶色，耳不听恶声，非其君不事，非其民不使，治则进，乱则退。横政之所出，横民之所止，不忍居也，如以朝衣朝冠，坐于涂炭也。当纣之时，居北海之滨，以待天下之清也。故闻伯夷之风者：顽夫廉，懦夫有立志。

"伊尹曰：'何事非君？何使非民？'治亦进，乱亦进。曰：'天之生斯民也，使先知觉后知，使先觉觉后觉，予，天民之先觉者也。予将以此道觉此民也，'思天下之民，匹夫匹妇，有不与被尧舜之泽者，若己推而内之沟中，其自任以天下之重也。

"柳下惠不羞汙君，不辞小官，进不隐贤，必以其道，遗佚而不怨，阨穷而不悯。与乡人处，由由然不忍去也。'尔为尔，我为我，虽袒裼裸裎于我侧，尔焉能浼我哉？'故闻柳下惠之风者，鄙夫宽，薄夫敦。

"孔子之去齐，接淅而行。去鲁，曰：'迟迟吾行也，去父母国之道也。'可以速而速，可以久而久，可以处而处，可以仕而仕，孔子也。"

孟子曰："伯夷，圣之清者也。伊尹，圣之任者也。柳下惠，圣之和者也。孔子，圣之时者也。

"孔子之谓集大成。集大成也者，金声而玉振之也。金声也者，始条理也。玉振之也者，终条理也。始条理者，智之事也。终条理者，圣之事也。智，譬则巧也。圣，譬则力也。由射于百步之外也。其至，尔力也；其中，非尔力也。”（《万章》）

孟子曰：“伯夷非其君不事，非其友不友，不立于恶人之朝，不与恶人言。立于恶人之朝，与恶人言，如以朝衣朝冠坐于涂炭。推恶恶之心，思与乡人立，其冠不正，望望然去之，若将浼焉。是故诸侯虽有善其辞命而至者，不受也。不受也者，是亦不屑就已。

“柳下惠不羞汙君，不卑小官，进不隐贤，必以其道。遗佚而不怨，阨穷而不悯，故曰：‘尔为尔，我为我。虽袒裼裸裎于我侧，尔焉能浼我哉？’故由由然与之偕，而不自失焉。援而止之而止。援而止之而止者，是亦不屑去已。”

孟子曰：“伯夷隘，柳下惠不恭。隘与不恭，君子不由也。”（《公孙丑》）

孟子曰：“柳下惠不以三公易其介。”（《尽心》）

孟子曰：“圣人，百世之师也。伯夷、柳下惠是也。故闻伯夷之风者，顽夫廉，懦夫有立志。闻柳下惠之风者，薄夫敦，鄙夫宽。奋乎百世之上，百世之下，闻者莫不兴起也。非圣人而能若是乎？而况于亲炙之者乎？”（《尽心》）

孟子曰："孔子之去鲁，曰：'迟迟吾行也，去父母国之道也。'去齐，接淅而行，去他国之道也。"（《尽心》）

万章问曰："人有言'伊尹以割烹要汤'，有诸？"

孟子曰："否，不然。伊尹耕于有莘之野，而乐尧舜之道焉。非其义也，非其道也，禄之以天下弗顾也，系马千驷弗视也。非其义也，非其道也，一介不以与人，一介不以取诸人。汤使人以币聘之，嚣嚣然曰：'我何以汤之聘币为哉？我岂若处畎亩之中，由是以乐尧舜之道哉？'汤三使往聘之。既而幡然改曰：'与我处畎亩之中，由是以乐尧舜之道，吾岂若使是君为尧舜之君哉？吾岂若使是民为尧舜之民哉？吾岂若于吾身亲见之哉？天之生此民也，使先知觉后知，使先觉觉后觉也。予，天民之先觉者也。予将以斯道觉斯民也。非予觉之而谁也？'思天下之民，匹夫匹妇有不被尧舜之泽者，若己推而内之沟中，其自任以天下之重如此，故就汤而说之，以伐夏救民。吾未闻枉己而正人者也，况辱己以正天下者乎？圣人之行不同也，或远或近，或去或不去，归洁其身而已矣。吾闻其以尧舜之道要汤，未闻以割烹也。《伊训》曰：'天诛造攻自牧宫，朕载自亳。'"（《万章》）

公孙丑曰："伊尹曰：'予不狎于不顺。'放太甲于桐，民大悦。太甲贤，又反之，民大悦。贤者之为人臣也，其君不贤，则固可放与？”

孟子曰：“有伊尹之志则可，无伊尹之志则篡也。”（《尽心》）

万章问曰：“孔子在陈曰：‘盍归乎来，吾党之士狂简，进取不忘其初。’孔子在陈，何思鲁之狂士？”

孟子曰：“孔子‘不得中道而与之，必也狂狷乎？狂者进取，狷者有所不为也’。孔子岂不欲中道哉？不可必得，故思其次也。”

“敢问何如斯可谓狂矣？”

曰：“如琴张、曾皙、牧皮者，孔子之所谓狂矣。”

“何以谓之狂也？”

曰：“其志嘐嘐然，曰：‘古之人，古之人。’夷考其行，而不掩焉者也。狂者又不可得，欲得不屑不洁之士而与之，是狷也，是又其次也。”

“孔子曰：‘过我门而不入我室，我不憾焉者，其惟乡原乎？乡原，德之贼也。’”

曰：“何如斯可谓之乡原矣？”

曰：“何以是嘐嘐也？言不顾行，行不顾言，则曰‘古之人，古之人’。行何为踽踽凉凉？生斯世也，为斯世也，善斯可矣。阉然媚于世也者，是乡原也。”

万章曰："一乡皆称原人焉，无所往而不为原人，孔子以为德之贼，何哉？"

曰："非之无举也，刺之无刺也。同乎流俗，合乎污世，居之似忠信，行之似廉洁，众皆悦之，自以为是。而不可与入尧舜之道，故曰'德之贼也'。

"孔子曰：'恶似而非者：恶莠，恐其乱苗也。恶佞，恐其乱义也。恶利口，恐其乱信也。恶郑声，恐其乱乐也。恶紫，恐其乱朱也。恶乡原，恐其乱德也。'

"君子反经而已矣。经正则庶民兴；庶民兴，斯无邪慝矣。"（《尽心》）

二

公孙丑问曰："夫子当路于齐，管仲、晏子之功，可复许乎？"

孟子曰："子诚齐人也，知管仲、晏子而已矣。或问乎曾西曰：'吾子与子路孰贤？'曾西蹴然曰：'吾先子之所畏也。'曰：'然则吾子与管仲孰贤？'曾西艴然不悦曰：'尔何曾比予于管仲？管仲得君，如彼其专也；行乎国政，如彼其久也；功烈，如彼其卑也。尔何曾比予于是！'"

曰："管仲，曾西之所不为也，而子为我愿之乎？"

曰："管仲以其君霸，晏子以其君显。管仲、晏子，犹不足为与？"

曰："以齐王，由反手也。"

曰："若是，则弟子之惑滋甚！且以文王之德，百年而后崩，犹未洽于天下。武王、周公继之，然后大行。今言王若易然，则文王不足法与？"

曰："文王何可当也，由汤至于武丁，贤圣之君六七作。天下归殷久矣，久则难变也。武丁朝诸侯、有天下，犹运之掌也。纣之去武丁未久也，其故家遗俗，流风善政，犹有存者。又有微子、微仲、王子比干、箕子、胶鬲，皆贤人也，相与辅相之。故久而后失之也。尺地莫非其有也，一民莫非其臣也，然而文王犹方百里起，是以难也。

"齐人有言曰：'虽有智慧，不如乘势。虽有镃基，不如待时。'今时则易然也。夏后、殷、周之盛，地未有过千里者也，而齐有其地矣；鸡鸣狗吠相闻，而达乎四境，而齐有其民矣。地不改辟矣，民不改聚矣，行仁政而王，莫之能御也。

"且王者之不作，未有疏于此时者也。民之憔悴于虐政，未有甚于此时者也。饥者易为食，渴者易为饮。

"孔子曰：'德之流行，速于置邮而传命。'当今之时，

万乘之国行仁政，民之悦之，犹解倒悬也。故事半古之人，功必倍之，惟此时为然。”（《公孙丑》）

三

公都子曰：“外人皆称夫子好辩，敢问何也？”

孟子曰：“予岂好辩哉？予不得已也。

“天下之生久矣，一治一乱。

“当尧之时，水逆行，泛滥于中国。蛇龙居之，民无所定。下者为巢，上者为营窟。书曰：‘洚水警余。’洚水者，洪水也。使禹治之，禹掘地而注之海，驱蛇龙而放之菹。水由地中行，江、淮、河、汉是也。险阻既远，鸟兽之害人者消，然后人得平土而居之。

“尧舜既没，圣人之道衰。暴君代作，坏宫室以为污池，民无所安息。弃田以为园囿，使民不得衣食。邪说暴行又作，园囿、污池、沛泽多而禽兽至。及纣之身，天下又大乱。

“周公相武王诛纣，伐奄三年讨其君，驱飞廉于海隅而戮之，灭国者五十，驱虎、豹、犀、象而远之，天下大悦。《书》曰：‘丕显哉，文王谟。丕承哉，武王烈。佑启我后人，咸以正无缺。’

“世衰道微，邪说暴行有作，臣弑其君者有之，子弑其父者有之。孔子惧，作《春秋》。《春秋》，天子之事也。是故孔子曰：‘知我者其惟《春秋》乎？罪我者其惟《春秋》乎？’

“圣王不作，诸侯放恣，处士横议，杨朱、墨翟之言盈天下。天下之言，不归杨则归墨。杨氏为我，是无君也；墨氏兼爱，是无父也。无父无君，是禽兽也。公明仪曰：‘庖有肥肉，厩有肥马，民有饥色，野有饿莩，此率兽而食人也。’杨墨之道不息，孔子之道不著，是邪说诬民，充塞仁义也。仁义充塞，则率兽食人，人将相食。

“吾为此惧，闲先圣之道，距杨墨，放淫辞，邪说者不得作。作于其心，害于其事；作于其事，害于其政。圣人复起，不易吾言矣。

“昔者禹抑洪水而天下平，周公兼夷狄、驱猛兽而百姓宁，孔子成《春秋》而乱臣贼子惧。《诗》云：‘戎狄是膺，荆舒是惩，则莫我敢承。’无父无君，是周公所膺也。

“我亦欲正人心、息邪说、距诐行、放淫辞，以承三圣者，岂好辩哉？予不得已也。

“能言距杨墨者，圣人之徒也。”（《滕文公》）

孟子曰：“王者之迹熄而诗亡，诗亡然后春秋作。晋之乘，楚之梼杌，鲁之春秋，一也。其事则齐桓、晋文，其文则

史。孔子曰：‘其义则丘窃取之矣。’”（《离娄》）

孟子曰：“君子之泽五世而斩，小人之泽五世而斩。予未得为孔子徒也，予私淑诸人也。”（《离娄》）

孟子曰：“由尧舜至于汤，五百有余岁，若禹、皋陶，则见而知之；若汤，则闻而知之。

“由汤至于文王，五百有余岁，若伊尹、莱朱则见而知之；若文王，则闻而知之。

“由文王至于孔子，五百有余岁，若太公望、散宜生，则见而知之；若孔子，则闻而知之。

“由孔子而来，至于今，百有余岁。去圣人之世，若此其未远也。近圣人之居，若此其甚也。然而无有乎尔，则亦无有乎尔。”（《尽心》）

孟子曰：“禹恶旨酒，而好善言。汤执中，立贤无方。文王视民如伤，望道而未之见。武王不泄迩，不忘远。周公思兼三王，以施四事；其有不合者，仰而思之，夜以继日；幸而得之，坐以待旦。”（《离娄》）

孟子曰：“舜生于诸冯，迁于负夏，卒于鸣条，东夷之人也。文王生于岐周，卒于毕郢，西夷之人也。地之相去也，千有余里；世之相后也，千有余岁。得志行乎中国，若合符节。先圣后圣，其揆一也。”（《离娄》）

孟子去齐。充虞路问曰：“夫子若有不豫色然。前日虞闻诸夫子曰：‘君子不怨天，不尤人。’”

曰：“彼一时，此一时也。

“五百年必有王者兴，其间必有名世者。由周而来，七百有余岁矣。以其数则过矣，以其时考之则可矣。夫天，未欲平治天下也，如欲平治天下，当今之世，舍我其谁也？吾何为不豫哉？”（《公孙丑》）

《孟子比谊》卷一终

卷二　大人之学

一

孟子曰："人之所以异于禽兽者几希，庶民去之，君子存之。

"舜明于庶物，察于人伦，由仁义行，非行仁义也。"（《离娄》）

孟子曰："君子所以异于人者，以其存心也。君子以仁存心，以礼存心。

"仁者爱人，有礼者敬人，爱人者人恒爱之，敬人者人恒敬之。

"有人于此，其待我以横逆，则君子必自反也：我必不仁也，必无礼也，此物奚宜至哉？

"其自反而仁矣，自反而有礼矣，其横逆由是也，君子必自反也，我必不忠。

“自反而忠矣，其横逆由是也，君子曰：‘此亦妄人也已矣。如此则与禽兽奚择哉？于禽兽又何难焉？’

“是故君子有终身之忧，无一朝之患也。乃若所忧则有之：舜人也，我亦人也。舜为法于天下，可传于后世，我由未免为乡人也，是则可忧也。忧之如何？如舜而已矣。若夫君子所患则亡矣。非仁无为也，非礼无行也。如有一朝之患，则君子不患矣。”（《离娄》）

孟子曰：“爱人不亲，反其仁。治人不治，反其智。礼人不答，反其敬。

“行有不得者，皆反求诸己，其身正而天下归之。

“《诗》云：‘永言配命，自求多福。’”（《离娄》）

孟子曰：“人有恒言，皆曰：‘天下国家’。天下之本在国，国之本在家，家之本在身。”（《离娄》）

孟子曰：“矢人岂不仁于函人哉？矢人惟恐不伤人，函人惟恐伤人。巫匠亦然，故术不可不慎也。

“孔子曰：‘里仁为美。择不处仁，焉得智？’夫仁，天之尊爵也，人之安宅也。莫之御而不仁，是不智也。

“不仁不智、无礼无义，人役也。人役而耻为役，由弓人而耻为弓，矢人而耻为矢也。如耻之，莫如为仁。

“仁者如射，射者正己而后发。发而不中，不怨胜己者。反求诸己而已矣。”（《公孙丑》）

孟子曰：“万物皆备于我矣，反身而诚，乐莫大焉。强恕而行，求仁莫近焉。”（《尽心》）

孟子曰：“道在尔而求诸远，事在易而求诸难。人人亲其亲、长其长，而天下平。”

孟子曰：“居下位而不获于上，民不可得而治也。获于上有道不信于友，弗获于上矣。信于友有道，事亲弗悦，弗信于友矣。悦亲有道，反身不诚，不悦于亲矣。诚身有道，不明乎善，不诚其身矣。

“是故诚者，天之道也；思诚者，人之道也。至诚而不动者，未之有也；不诚，未有能动者也。”（《离娄》）

二

王子垫问曰：“士何事？”

孟子曰：“尚志。”

曰：“何谓尚志？”

曰：“仁义而已矣。杀一无罪，非仁也。非其有而取之，非义也。居恶在？仁是也；路恶在？义是也。居仁由义，大人

之事备矣。”（《尽心》）

公都子问曰：“钧是人也，或为大人，或[1]为小人，何也？”

孟子曰：“从其大体为大人，从其小体为小人。”

曰：“钧是人也，或从其大体，或从其小体，何也？”

曰：“耳目之官不思而蔽于物，物交物，则引之而已矣。心之官则思，思则得之，不思则不得也。此天之所与我者，先立乎其大者，则其小者弗能夺也。此为大人而已矣。”（《告子》）

孟子曰：“人之于身也，兼所爱。兼所爱，则兼所养也。无尺寸之肤不爱焉，则无尺寸之肤不养也。所以考其善不善者，岂有他哉？于己取之而已矣。

“体有贵贱，有小大。无以小害大，无以贱害贵。养其小者为小人，养其大者为大人。

“今有场师，舍其梧槚，养其樲棘，则为贱场师焉。养其一指而失其肩背，而不知也，则为狼疾人也。

“饮食之人，则人贱之矣，为其养小以失大也。饮食之人无有失也，则口腹岂适为尺寸之肤哉？”（《告子》）

孟子曰：“有事君人者，事是君则为容悦者也。有安社稷

① 罗庸石印本“或”误作“何”。

臣者，以安社稷为悦者也。有天民者，达可行于天下而后行之者也。有大人者，正己而物正者也。”（《尽心》）

孟子曰：“非礼之礼，非义之义，大人弗为。”（《离娄》）

孟子曰：“大人者，言不必信，行不必果，惟义所在。”（《离娄》）

孟子曰：“可[1]以取，可以无取，取伤廉。可以与，可以无与，与伤惠。可以死，可以无死，死伤勇。”（《离娄》）

孟子曰：“大人者，不失其赤子之心者也。”（《离娄》）

三

孟子曰：“人之所不学而能者，其良能也；所不虑而知者，其良知也。

“孩提之童，无不知爱其亲者；及其长也，无不知敬其兄也。

“亲亲，仁也；敬长，义也。无他，达之天下也。”（《尽心》）

---

① 罗庸石印本“可”误作“河”。

孟子曰："人皆有不忍人之心。

"先王有不忍人之心，斯有不忍人之政矣。以不忍人之心，行不忍人之政，治天下可运之掌上。

"所以谓人皆有不忍人之心者，今人乍见孺子将入于井，皆有怵惕恻隐之心。非所以内交于孺子之父母也，非所以要誉于乡党朋友也，非恶其声而然也。

"由是观之，无恻隐之心，非人也；无羞恶之心，非人也；无辞让之心，非人也；无是非之心，非人也。

"恻隐之心，仁之端也；羞恶之心，义之端也；辞让之心，礼之端也；是非之心，智之端也。

"人之有是四端也，犹其有四体也。有是四端而自谓不能者，自贼者也；谓其君不能者，贼其君者也。

"凡有四端于我者，知皆扩而充之矣，若火之始然，泉之始达。苟能充之，足以保四海；苟不充之，不足以事父母。"（《公孙丑》）

孟子曰："人皆有所不忍，达之于其所忍，仁也；人皆有所不为，达之于其所为，义也。

"人能充无欲害人之心，而仁不可胜用也；人能充无穿踰之心，而义不可胜用也。人能充无受尔汝之实，无所往而不为义也。士未可以言而言，是以言餂之也；可以言而不言，是以

不言餂之也，是皆穿踰之类也。”（《尽心》）

孟子曰：“人有不为也，而后可以有为。”（《离娄》）

孟子曰：“于不可已而已者，无所不已；于所厚者薄，无所不薄也。其进锐者，其退速。”（《尽心》）

孟子曰：“君子之于物也，爱之而弗仁；于民也，仁之而弗亲。亲亲而仁民，仁民而爱物。”（《尽心》）

孟子曰：“知者无不知也，当务之为急；仁者无不爱也，急亲贤之为务。尧舜之知而不遍物，急先务也；尧舜之仁不遍爱人，急亲贤也。

“不能三年之丧，而缌小功之察；放饭流歠，而问无齿决，是之谓不知务。”（《尽心》）

禹、稷当平世，三过其门而不入，孔子贤之。

颜子当乱世，居于陋巷。一箪食，一瓢饮。人不堪其忧，颜子不改其乐，孔子贤之。

孟子曰：“禹、稷、颜回同道。禹思天下有溺者，由己溺之也；稷思天下有饥者，由己饥之也，是以如是其急也。

“禹、稷、颜子易地则皆然。

“今有同室之人斗者，救之，虽被发缨冠而救之，可也。乡邻有斗者，被发缨冠而往救之，则惑也，虽闭户可也。”（《离娄》）

四

孟子曰："尽其心者，知其性也；知其性，则知天矣。存其心，养其性，所以事天也。殀[①]寿不贰，修身以俟之，所以立命也。"（《尽心》）

孟子曰："莫非命也，顺受其正。是故知命者，不立乎岩墙之下。尽其道而死者，正命也。桎梏死者，非正命也。"（《尽心》）

孟子曰："口之于味也，目之于色也，耳之于声也，鼻之于臭也，四肢之于安佚也，性也，有命焉，君子不谓性也。

"仁之于父子也，义之于君臣也，礼之于宾主也，智之于贤者也，圣人之于天道也，命也，有性焉，君子不谓命也。"（《尽心》）

孟子曰："君子有三乐，而王天下不与存焉。父母俱存，兄弟无故，一乐也。仰不愧于天，俯不怍于人，二乐也。得天下英才而教育之，三乐也。君子有三乐，而王天下不与存焉。"（《尽心》）

孟子曰："广土众民，君子欲之，所乐不存焉。中天下而

---

① 罗庸石印本"殀"误作"妖"。

立，定四海之民，君子乐之，所性不存焉。君子所性，虽大行不加焉，虽穷居不损焉，分定故也。

“君子所性，仁义礼智根于心。其生色也，睟然见于面，盎于背，施于四体，四体不言而喻。”（《尽心》）

孟子曰：“形色，天性也；惟圣人，然后可以践形。”（《尽心》）

孟子曰：“尧舜，性者也；汤武，反之也。动容周旋中礼者，盛德之至也；哭死而哀，非为生者也；经德不回，非以干禄也；言语必信，非以正行也。君子行法，以俟命而已矣。”（《尽心》）

孟子曰：“求则得之，舍则失之，是求有益于得也，求在我者也。求之有道，得之有命，是求无益于得也，求在外者也。”（《尽心》）

孟子曰：“言近而指远者，善言也；守约而施博者，善道也。君子之言也，不下带而道存焉。君子之守，修其身而天下平。

“人病舍其田而芸人之田，所求于人者重，而所以自任者轻。”（《尽心》）

孟子曰：“君子深造之以道，欲其自得之也。自得之，则居之安；居之安，则资之深；资之深，则取之左右逢其原，故

君子欲其自得之也。”（《离娄》）

孟子曰：“博学而详说之，将以反说约也。”（《离娄》）

五

告子曰：“性，犹杞柳也；义，犹杯棬也。以人性为仁义，犹以杞柳为杯棬。”

孟子曰：“子能顺杞柳之性而以为杯棬乎？将戕贼杞柳而后以为杯棬也？如将戕贼杞柳而以为杯棬，则亦将戕贼人以为仁义与？率天下之人而祸仁义者，必子之言夫！”（《告子》）

告子曰：“性犹湍水也，决诸东方则东流，决诸西方则西流。人性之无分于善不善也，犹水之无分于东西也。”

孟子曰：“水信无分于东西。无分于上下乎？人性之善也，犹水之就下也。人无有不善，水无有不下。

“今夫水，搏而跃之，可使过颡；激而行之，可使在山。是岂水之性哉？其势则然也。人之可使为不善，其性亦犹是也。”（《告子》）

告子曰：“生之谓性。”

孟子曰："生之谓性也，犹白之谓白与？"

曰："然。"

"白羽之白也，犹白雪之白；白雪之白，犹白玉之白与？"

曰："然。"

"然则犬之性，犹牛之性；牛之性，犹人之性与？"（《告子》）

告子曰："食色，性也。仁，内也，非外也；义，外也，非内也。"

孟子曰："何以谓仁内义外也？"

曰："彼长而我长之，非有长于我也；犹彼白而我白之，从其白于外也，故谓之外也。"

曰："异于白马之白也，无以异于白人之白也；不识长马之长也，无以异于长人之长与？且谓长者义乎？长之者义乎？"

曰："吾弟则爱之，秦人之弟则不爱也，是以我为悦者也，故谓之内。长楚人之长，亦长吾之长，是以长为悦者也，故谓之外也。"

曰："耆秦人之炙，无以异于耆吾炙。夫物则亦有然者也，然则耆炙亦有外与？"（《告子》）

孟季子问公都子曰："何以谓义内也？"

曰："行吾敬，故谓之内也。"

"乡人长于伯兄一岁，则谁敬？"

曰："敬兄。"

"酌则谁先？"

曰："先酌乡人。"

"所敬在此，所长在彼，果在外，非由内也。"

公都子不能答，以告孟子。

孟子曰："敬叔父乎？敬弟乎？彼将曰：'敬叔父。'曰：'弟为尸，则谁敬？'彼将曰：'敬弟。'子曰：'恶在其敬叔父也？'彼将曰：'在位故也。'子亦曰：'在位故也。庸敬在兄，斯须之敬在乡人。'"

季子闻之曰："敬叔父则敬，敬弟则敬，果在外，非由内也。"

公都子曰："冬日则饮汤，夏日则饮水，然则饮食亦在外也？"（《告子》）

孟子曰："天下之言性也，则故而已矣，故者以利为本。

"所恶于智者，为其凿也。如智者若禹之行水也，则无恶于智矣。禹之行水也，行其所无事也。如智者亦行其所无事，则智亦大矣。

“天之高也，星辰之远也，苟求其故，千岁之日至，可坐而致也。”（《离娄》）

孟子曰：“行之而不著焉，习矣而不察焉，终身由之而不知其道者，众也。”（《尽心》）

六

公都子曰：“告子曰：‘性无善无不善也。’

“或曰：‘性可以为善，可以为不善；是故文武兴，则民好善；幽厉兴，则民好暴。’

“或曰：‘有性善，有性不善；是故以尧为君而有象，以瞽瞍为父而有舜；以纣为兄之子且以为君，而有微子启、王子比干。’

“今曰‘性善’，然则彼皆非与？”

孟子曰：“乃若其情，则可以为善矣，乃所谓善也。若夫为不善，非才之罪也。

“恻隐之心，人皆有之；羞恶之心，人皆有之；恭敬之心，人皆有之；是非之心，人皆有之。

“恻隐之心，仁也；羞恶之心，义也；恭敬之心，礼也；是非之心，智也。仁义礼智，非由外铄我也，我固有之也，弗思耳矣。故曰：‘求则得之，舍则失之。’或相倍蓰而无算者，不能尽其才者也。

“《诗》曰：‘天生蒸民，有物有则。民之秉彝，好是懿德。’孔子曰：‘为此诗者，其知道乎！故有物必有则，民之秉彝也，故好是懿德。’”（《告子》）

孟子曰：“富岁，子弟多赖；凶岁，子弟多暴，非天之降才尔殊也，其所以陷溺其心者然也。

“今夫麰麦，播种而耰之，其地同，树之时又同，浡然而生，至于日至之时，皆熟矣。虽有不同，则地有肥硗，雨露之养，人事之不齐也。

“故凡同类者，举相似也，何独至于人而疑之？圣人与我同类者。

“故龙子曰：‘不知足而为屦，我知其不为蒉也。’屦之相似，天下之足同也。

“口之于味，有同耆也。易牙先得我口之所耆者也。如使口之于味也，其性与人殊，若犬马之与我不同类也，则天下何耆皆从易牙之于味也？至于味，天下期于易牙，是天下之口相似也。

“惟耳亦然。至于声，天下期于师旷，是天下之耳相似也。

“惟目亦然。至于子都，天下莫不知其姣也。不知子都之姣者，无目者也。

“故曰：口之于味也，有同耆焉；耳之于声也，有同听焉；目之于色也，有同美焉。至于心，独无所同然乎？心之所同然者何也？谓理也，义也。圣人先得我心之所同然耳。故理义之悦我心，犹刍豢之悦我口。”（《告子》）

孟子曰：“牛山之木尝美矣，以其郊于大国也，斧斤伐之，可以为美乎？是其日夜之所息，雨露之所润，非无萌蘖之生焉，牛羊又从而牧之，是以若彼濯濯也。人见其濯濯也，以为未尝有材焉，此岂山之性也哉？

“虽存乎人者，岂无仁义之心哉？其所以放其良心者，亦犹斧斤之于木也，旦旦而伐之，可以为美乎？其日夜之所息，平旦之气，其好恶与人相近也者几希，则其旦昼之所为，有梏亡之矣。梏之反复，则其夜气不足以存；夜气不足以存，则其违禽兽不远矣。人见其禽兽也，而以为未尝有才焉者，是岂人之情也哉？

“故苟得其养，无物不长；苟失其养，无物不消。

“孔子曰：‘操则存，舍则亡；出入无时，莫知其乡。’惟心之谓与？”（《告子》）

孟子曰：“鱼，我所欲也；熊掌，亦我所欲也，二者不可得兼，舍鱼而取熊掌者也。

“生，亦我所欲也；义，亦我所欲也，二者不可得兼，舍生而取义者也。

“生亦我所欲，所欲有甚于生者，故不为苟得也；死亦我所恶，所恶有甚于死者，故患有所不辟也。

“如使人之所欲莫甚于生，则凡可以得生者，何不用也？使人之所恶莫甚于死者，则凡可以辟患者，何不为也？

“由是则生而有不用也，由是则可以辟患而有不为也。

“是故所欲有甚于生者，所恶有甚于死者，非独贤者有是心也，人皆有之，贤者能勿丧耳。

“一箪食，一豆羹，得之则生，弗得则死。呼尔而与之，行道之人弗受；蹴尔而与之，乞人不屑也。

“万钟则不辨礼义而受之。万钟于我何加焉？为宫室之美、妻妾之奉、所识穷乏者得我与？

“乡为身死而不受，今为宫室之美为之；乡为身死而不受，今为妻妾之奉为之；乡为身死而不受，今为所识穷乏者得我而为之，是亦不可以已乎？此之谓失其本心。”（《告子》）

孟子曰：“仁，人心也；义，人路也。舍其路而弗由，放其心而不知求，哀哉！人有鸡犬放，则知求之；有放心，而不知求。学问之道无他，求其放心而已矣。”（《告子》）

孟子曰：“今有无名之指，屈而不信，非疾痛害事也，如有能信之者，则不远秦楚之路，为指之不若人也。

“指不若人，则知恶之；心不若人，则不知恶，此之谓不知类也。”（《告子》）

孟子曰：“拱把之桐梓，人苟欲生之，皆知所以养之者。至于身，而不知所以养之者，岂爱身不若桐梓哉？弗思甚也。”（《告子》）

孟子曰：“自暴者，不可与有言也；自弃者，不可与有为也。言非礼义，谓之自暴也；吾身不能居仁由义，谓之自弃也。

“仁，人之安宅也；义，人之正路也。旷安宅而弗居，舍正路而不由，哀哉！”（《离娄》）

七

孟子曰：“养心莫善于寡欲。其为人也寡欲，虽有不存焉者，寡矣；其为人也多欲，虽有存焉者，寡矣。”（《尽心》）

孟子曰：“饥者甘食，渴者甘饮，是未得饮食之正也，饥渴害之也。

“岂惟口腹有饥渴之害？人心亦皆有害。人能无以饥渴之

害为心害，则不及人不为忧矣。”（《尽心》）

孟子曰：“无为其所不为，无欲其所不欲，如此而已矣。”（《尽心》）

齐人有一妻一妾而处室者，其良人出，则必餍酒肉而后反。其妻问所与饮食者，则尽富贵也。其妻告其妾曰：“良人出，则必餍酒肉而后反；问其与饮食者，尽富贵也，而未尝有显者来，吾将瞷良人之所之也。”蚤起，施从良人之所之，遍国中无与立谈者。卒之东郭墦间，之祭者，乞其余；不足，又顾而之他，此其为餍足之道也。其妻归，告其妾曰：“良人者，所仰望而终身也。今若此。”与其妾讪其良人，而相泣于中庭。而良人未之知也，施施从外来，骄其妻妾。

由君子观之，则人之所以求富贵利达者，其妻妾不羞也，而不相泣者，几希矣。（《离娄》）

孟子曰：“人不可以无耻。无耻之耻，无耻矣。”（《尽心》）

孟子曰：“耻之于人大矣。为机变之巧者，无所用耻焉。不耻不若人，何若人有？”（《尽心》）

孟子曰：“有天爵者，有人爵者。仁义忠信，乐善不倦，此天爵也；公卿大夫，此人爵也。

“古之人修其天爵，而人爵从之。今之人修其天爵，以要

人爵；既得人爵，而弃其天爵，则惑之甚者也，终亦必亡而已矣。”（《告子》）

孟子曰：“欲贵者，人之同心也。人人有贵于己者，弗思耳。

“人之所贵者，非良贵也。赵孟之所贵，赵孟能贱之。

“《诗》云：‘既醉以酒，既饱以德。’言饱乎仁义也，所以不愿人之膏粱之味也；令闻广誉施于身，所以不愿人之文绣也。”（《告子》）

孟子曰：“说大人，则藐之，勿视其巍巍然。

“堂高数仞，榱题数尺，我得志弗为也；食前方丈，侍妾数百人，我得志弗为也；般乐饮酒，驱骋田猎，后车千乘，我得志弗为也。

“在彼者，皆我所不为也；在我者，皆古之制也，吾何畏彼哉？”（《尽心》）

孟子曰：“古之贤王好善而忘势，古之贤士何独不然？乐其道而忘人之势。故王公不致敬尽礼，则不得亟见之。见且由不得亟，而况得而臣之乎？”（《尽心》）

孟子谓宋勾践曰：“子好游乎？吾语子游。人知之，亦嚣嚣；人不知，亦嚣嚣。”[①]

① 罗庸石印本缺“曰：‘何如斯可以嚣嚣矣’”一句。

曰："尊德乐义，则可以嚣嚣矣。故士穷不失义，达不离道。穷不失义，故士得己焉；达不离道，故民不失望焉。古之人，得志，泽加于民；不得志，修身见于世。穷则独善其身，达则兼善天下。"（《尽心》）

景春曰："公孙衍、张仪岂不诚大丈夫哉？一怒而诸侯惧，安居而天下熄。"

孟子曰："是焉得为大丈夫乎？子未学礼乎？丈夫之冠也，父命之；女子之嫁也，母命之，往送之门，戒之曰：'往之女家，必敬必戒，无违夫子！'以顺为正者，妾妇之道也。

"居天下之广居，立天下之正位，行天下之大道。得志与民由之，不得志独行其道。富贵不能淫，贫贱不能移，威武不能屈。此之谓大丈夫。"（《滕文公》）

孟子自范之齐，望见齐王之子。喟然叹曰："居移气，养移体，大哉居乎！夫非尽人之子与？"

孟子曰："王子宫室、车马、衣服多与人同，而王子若彼者，其居使之然也；况居天下之广居者乎？

"鲁君之宋，呼于垤泽之门。守者曰：'此非吾君也，何其声之似我君也？'此无他，居相似也。"（《尽心》）

孟子曰："附之以韩魏之家，如其自视欿然，则过人远矣。"（《尽心》）

八

储子曰："王使人瞷夫子，果有以异于人乎？"

孟子曰："何以异于人哉？尧舜与人同耳。"（《离娄》）

孟子曰："舜之居深山之中，与木石居，与鹿豕游，其所以异于深山之野人者几希。及其闻一善言，见一善行，若决江河，沛然莫之能御也。"（《尽心》）

孟子曰："舜之饭糗茹草也，若将终身焉；及其为天子也，被袗衣，鼓琴，二女果，若固有之。"（《尽心》）

孟子曰："鸡鸣而起，孳孳为善者，舜之徒也。鸡鸣而起，孳孳为利者，跖之徒也。欲知舜与跖之分，无他，利与善之间也。"（《尽心》）

曹交问曰："人皆可以为尧舜，有诸？"

孟子曰："然。"

"交闻文王十尺，汤九尺，今交九尺四寸以长，食粟而已，如何则可？"

曰："奚有于是？亦为之而已矣。有人于此，力不能胜一匹雏，则为无力人矣；今曰举百钧，则为有力人矣。然则举乌获之任，是亦为乌获而已矣。夫人岂以不胜为患哉？弗为耳。

“徐行后长者谓之弟，疾行先长者谓之不弟。夫徐行者，岂人所不能哉？所不为也。尧舜之道，孝弟而已矣。

“子服尧之服，诵尧之言，行尧之行，是尧而已矣；子服桀之服，诵桀之言，行桀之行，是桀而已矣。”

曰：“交得见于邹君，可以假馆，愿留而受业于门。”

曰：“夫道，若大路然，岂难知哉？人病不求耳。子归而求之，有余师。”（《告子》）

孟子曰：“待文王而后兴者，凡民也。若夫豪杰之士，虽无文王犹兴。”（《尽心》）

孟子曰：“人之有德慧术知者，恒存乎疢疾。独孤臣孽子，其操心也危，其虑患也深，故达。”（《尽心》）

孟子曰：“舜发于畎亩之中，傅说举于版筑之间，胶鬲举于鱼盐之中，管夷吾举于士，孙叔敖举于海，百里奚举于市。

“故天将降大任于是人也，必先苦其心志，劳其筋骨，饿其体肤，空乏其身，行拂乱其所为，所以动心忍性，增益其所不能。

“人恒过，然后能改；困于心，衡于虑，而后作；征于色，发于声，而后喻。入则无法家拂士，出则无敌国外患者，国恒亡。

“然后知生于忧患而死于安乐也。”（《告子》）

九

孟子曰：“子路，人告之以有过则喜。禹闻善言则拜。大舜有大焉，善与人同。舍己从人，乐取于人以为善。自耕、稼、陶、渔，以至为帝，无非取于人者。

“取诸人以为善，是与人为善者也。故君子莫大乎与人为善。”（《公孙丑》）

鲁欲使乐正子为政。孟子曰：“吾闻之，喜而不寐。”

公孙丑曰：“乐正子强乎？”

曰：“否。”

“有知虑乎？”

曰：“否。”

“多闻识乎？”

曰：“否。”

“然则奚为喜而不寐？”

曰：“其为人也好善。”

“好善足乎？”

曰：“好善优于天下，而况鲁国乎？夫苟好善，则四海之内，皆将轻千里而来告之以善。夫苟不好善，则人将曰：‘訑訑，予既已知之矣。’訑訑之声音颜色，距人于千里之外。士止于千里之外，则谗谄面谀之人至矣。与谗谄面谀之人居，国欲治，可得乎？”（《告子》）

浩生不害问曰：“乐正子，何人也？”

孟子曰：“善人也，信人也。”

“何谓善？何谓信？”

曰：“可欲之谓善，有诸己之谓信。充实之谓美，充实而有光辉之谓大，大而化之之谓圣，圣而不可知之之谓神。乐正子，二之中，四之下也。”（《尽心》）

十

徐子曰：“仲尼亟称于水，曰：‘水哉，水哉！’何取于水也？”

孟子曰：“源泉混混，不舍昼夜。盈科而后进，放乎四海，有本者如是，是之取尔。苟为无本，七八月之间雨集，沟浍皆盈；其涸也，可立而待也。故声闻过情，君子耻之。”（《离娄》）

孟子曰：“孔子登东山而小鲁，登太山而小天下。故观于海者难为水，游于圣人之门者难为言。

“观水有术，必观其澜。日月有明，容光必照焉。

“流水之为物也，不盈科不行；君子之志于道也，不成章不达。”（《尽心》）

孟子曰：“有为者辟若掘井，掘井九轫而不及泉，犹为弃井也。”（《尽心》）

孟子曰：“五谷者，种之美者也；苟为不熟，不如荑稗。夫仁亦在乎熟之而已矣。”（《告子》）

孟子曰：“无或乎王之不智也。虽有天下易生之物也，一日暴之，十日寒之，未有能生者也。吾见亦罕矣，吾退而寒之者至矣，吾如有萌焉何哉？

“今夫弈之为数，小数也，不专心致志，则不得也。弈秋，通国之善弈者也，使弈秋诲二人弈，其一人专心致志，惟弈秋之为听；一人虽听之，一心以为有鸿鹄将至，思援弓缴而射之。虽与之俱学，弗若之矣。为是其智弗若与？曰，非然也。”（《告子》）

公孙丑曰：“道则高矣，美矣，宜若登天然，似不可及也。何不使彼为可几及而日孳孳也？”

孟子曰：“大匠不为拙工改废绳墨，羿不为拙射变其彀率。君子引而不发，跃如也。中道而立，能者从之。”（《尽

心》)

孟子曰："羿之教人射，必志于彀；学者亦必志于彀。大匠诲人，必以规矩，学者亦必以规矩。"(《告子》)

孟子曰："梓匠轮舆能与人规矩，不能使人巧。"(《尽心》)

孟子曰："天下有道，以道殉身；天下无道，以身殉道。未闻以道殉乎人者也。"(《尽心》)

十一

孟子曰："仁言，不如仁声之入人深也。善政，不如善教之得民也。善政民畏之，善教民爱之；善政得民财，善教得民心。"(《尽心》)

孟子曰："君子之所以教者五：有如时雨化之者，有成德者，有达财者，有答问者，有私淑艾者。此五者，君子之所以教也。"(《尽心》)

孟子曰："教亦多术矣，予不屑之教诲也者，是亦教诲之而已矣。"(《告子》)

孟子曰："中也养不中，才也养不才，故人乐有贤父兄也。如中也弃不中，才也弃不才，则贤不肖之相去，其间不能

以寸。”（《离娄》）

孟子曰：“贤者以其昭昭，使人昭昭；今以其昏昏，使人昭昭。”（《尽心》）

孟子谓高子曰：“山径之蹊间介然，用之而成路。为间不用，则茅塞之矣。今茅塞子之心矣。”（《尽心》）

貉稽曰：“稽大不理于口。”

孟子曰：“无伤也。士憎兹多口。《诗》云：‘忧心悄悄，愠于群小。’孔子也。‘肆不殄厥愠，亦不陨厥问。’文王也。”（《尽心》）

孟子曰：“有不虞之誉，有求全之毁。”（《离娄》）

孟子曰：“人之易其言也，无责耳矣。”（《离娄》）

孟子曰：“言人之不善，当如后患何？”（《离娄》）

孟子曰：“言无实不祥，不祥之实，蔽贤者当之。”（《离娄》）

孟子曰：“君子不亮，恶乎执？”（《告子》）

孟子曰：“好名之人，能让千乘之国；苟非其人，箪食豆羹见于色。”（《尽心》）

孟子曰：“存乎人者，莫良于眸子。眸子不能掩其恶。胸中正，则眸子瞭焉；胸中不正，则眸子眊焉。听其言也，观其眸子，人焉廋哉？”（《离娄》）

孟子曰："周于利者，凶年不能杀；周于德者，邪世不能乱。"（《尽心》）

孟子曰："西子蒙不洁，则人皆掩鼻而过之。虽有恶人，斋戒沐浴，则可以祀上帝。"（《离娄》）

孟子曰："仲尼不为已甚者。"（《离娄》）

孟子曰："人之患在好为人师。"（《离娄》）

《孟子比谊》卷二终

卷三　人伦

一

孟子曰："仁也者，人也；合而言之，道也。"（《尽心》）

孟子曰："身不行道，不行于妻子；使人不以道，不能行于妻子。"（《尽心》）

孟子曰："仁之实，事亲是也；义之实，从兄是也。智之实，知斯二者弗去是也；礼之实，节文斯二者是也；乐之实，乐斯二者，乐则生矣；生则恶可已也，恶可已，则不知足之蹈之手之舞之。"（《离娄》）

孟子曰："事孰为大？事亲为大；守孰为大？守身为大。不失其身而能事其亲者，吾闻之矣；失其身而能事其亲者，吾未之闻也。孰不为事？事亲，事之本也；孰不为守？守身，守之本也。

“曾子养曾皙，必有酒肉。将彻，必请所与。问有余，必曰‘有’。曾皙死，曾元养曾子，必有酒肉。将彻，不请所与。问有余，曰‘亡矣’。将以复进也。此所谓养口体者也。若曾子，则可谓养志也。

“事亲若曾子者，可也。”（《离娄》）

曾皙嗜羊枣，而曾子不忍食羊枣。

公孙丑问曰：“脍炙与羊枣孰美？”

孟子曰：“脍炙哉。”

公孙丑曰：“然则曾子何为食脍炙而不食羊枣？”

曰：“脍炙所同也，羊枣所独也。——讳名不讳姓，姓所同也，名所独也。”（《尽心》）

万章问曰：“舜往于田，号泣于旻天，何为其号泣也？”

孟子曰：“怨慕也。”万章曰：“父母爱之，喜而不忘；父母恶之，劳而不怨。然则舜怨乎？”

曰：“长息问于公明高曰：‘舜往于田，则吾既得闻命矣；号泣于旻天，于父母，则吾不知也。’公明高曰：‘是非尔所知也。’夫公明高以孝子之心，为不若是恝，我竭力耕田，共为子职而已矣，父母之不我爱，于我何哉？

“帝使其子九男二女，百官牛羊仓廪备，以事舜于畎亩之中。天下之士多就之者，帝将胥天下而迁之焉。为不顺于父母，如穷人无所归。

“天下之士悦之，人之所欲也，而不足以解忧；好色，人之所欲，妻帝之二女，而不足以解忧；富，人之所欲，富有天下，而不足以解忧；贵，人之所欲，贵为天子，而不足以解忧。人悦之、好色、富贵，无足以解忧者，惟顺于父母，可以解忧。

“人少，则慕父母；知好色，则慕少艾；有妻子，则慕妻子；仕则慕君，不得于君则热中。大孝终身慕父母。五十而慕者，予于大舜见之矣。”（《万章》）

咸丘蒙问曰：“语云：‘盛德之士，君不得而臣，父不得而子。’舜南面而立，尧帅诸侯北面而朝之，瞽瞍亦北面而朝之。舜见瞽瞍，其容有蹙。孔子曰：‘于斯时也，天下殆哉，岌岌乎！’不识此语诚然乎哉？”

孟子曰：“否。此非君子之言，齐东野人之语也。尧老而舜摄也。《尧典》曰：‘二十有八载，放勋乃徂落，百姓如丧考妣，三年，四海遏密八音。’孔子曰：‘天无二日，民无二王。’舜既为天子矣，又帅天下诸侯以为尧三年丧，是二天子矣。”

咸丘蒙曰：“舜之不臣尧，则吾既得闻命矣。《诗》

云：‘普天之下，莫非王土；率土之滨，莫非王臣。’而舜既为天子矣，敢问瞽瞍之非臣，如何？”

曰：“是诗也，非是之谓也。劳于王事，而不得养父母也。曰：‘此莫非王事，我独贤劳也。’故说诗者，不以文害辞，不以辞害志。以意逆志，是为得之。如以辞而已矣，《云汉》之诗曰：‘周余黎民，靡有孑遗。’信斯言也，是周无遗民也。

“孝子之至，莫大乎尊亲；尊亲之至，莫大乎以天下养。为天子父，尊之至也；以天下养，养之至也。《诗》曰：‘永言孝思，孝思维则。’此之谓也。

“《书》曰：‘只载见瞽瞍，夔夔齐栗，瞽瞍亦允若。’是为父不得而子也。”（《万章》）

孟子曰：“天下大悦而将归己。视天下悦而归己，犹草芥也。惟舜为然。不得乎亲，不可以为人；不顺乎亲，不可以为子。

“舜尽事亲之道而瞽瞍厎豫，瞽瞍厎豫而天下化，瞽瞍厎豫而天下之为父子者定，此之谓大孝。”（《离娄》）

公孙丑问曰：“高子曰：‘《小弁》，小人之诗也。’”

孟子曰：“何以言之？”

曰：“怨。”

曰："固哉，高叟之为诗也，有人于此，越人关弓而射之，则己谈笑而道之；无他，疏之也。其兄关弓而射之，则己垂涕泣而道之；无他，戚之也。《小弁》之怨，亲亲也。亲亲，仁也。固矣夫，高叟之为诗也！"

曰："《凯风》何以不怨？"曰："《凯风》，亲之过小者也；《小弁》，亲之过大者也。亲之过大而不怨，是愈疏也；亲之过小而怨，是不可矶也。愈疏，不孝也；不可矶，亦不孝也。

孔子曰：'舜其至孝矣，五十而慕。'"（《告子》）

万章问曰："《诗》云：'娶妻如之何[1]？必告父母。'信斯言也，宜莫如舜。舜之不告而娶，何也？"

孟子曰："告则不得娶。男女居室，人之大伦也。如告，则废人之大伦，以怼父母，是以不告也。"

万章曰："舜之不告而娶，则吾既得闻命矣；帝之妻舜而不告，何也？"

曰："帝亦知告焉则不得妻也。"（《万章》）

孟子曰："不孝有三，无后为大。舜不告而娶，为无后也，君子以为犹告也。"（《离娄》）

桃应问曰："舜为天子，皋陶为士，瞽瞍杀人，则如

① 罗庸石印本作"娶妻之如何"。

之何？”

孟子曰：“执之而已矣。”

“然则舜不禁与？”

曰：“夫舜恶得而禁之？夫有所受之也。”

“然则舜如之何？”

曰：“舜视弃天下，犹弃敝蹝也。窃负而逃，遵海滨而处，终身欣然，乐而忘天下。”（《尽心》）

万章曰：“父母使舜完廪，捐阶，瞽瞍焚廪。使浚井，出，从而揜之。象曰：‘谟盖都君咸我绩。牛羊父母，仓廪父母，干戈朕，琴朕，弤朕，二嫂使治朕栖。’象往入舜宫，舜在床琴。象曰：‘郁陶思君尔。’忸怩。舜曰：‘惟兹臣庶，汝其于予治。’不识舜不知象之将杀己与？”

曰：“奚而不知也？象忧亦忧，象喜亦喜。”

曰：“然则舜伪喜者与？”

曰：“否。昔者有馈生鱼于郑子产，子产使校人畜之池。校人烹之，反命曰：‘始舍之圉圉焉，少则洋洋焉，攸然而逝。’子产曰：‘得其所哉！得其所哉！’校人出，曰：‘孰谓子产智？予既烹而食之，曰：得其所哉？得其所哉。’故君子可欺以其方，难罔以非其道。彼以爱兄之道来，故诚信而喜之，奚伪焉？”（《万章》）

万章问曰："象日以杀舜为事，立为天子，则放之，何也？"

孟子曰："封之也，或曰放焉。"

万章曰："舜流共工于幽州，放驩兜于崇山，杀三苗于三危，殛鲧于羽山，四罪而天下咸服，诛不仁也。象至不仁，封之有庳。有庳之人奚罪焉？仁人固如是乎？在他人则诛之，在弟则封之？"

曰："仁人之于弟也，不藏怒焉，不宿怨焉，亲爱之而已矣。亲之欲其贵也，爱之欲其富也。封之有庳，富贵之也。身为天子，弟为匹夫，可谓亲爱之乎？"

"敢问或曰放者，何谓也？"

曰："象不得有为于其国，天子使吏治其国，而纳其贡税焉，故谓之放，岂得暴彼民哉？虽然，欲常常而见之，故源源而来。'不及贡，以政接于有庳。'此之谓也。"（《万章》）

二

孟子曰："养生者，不足以当大事，惟送死可以当大事。"（《离娄》）

滕文公为世子，将之楚，过宋而见孟子。孟子道性善，言必称尧舜。世子自楚反，复见孟子。孟子曰："世子疑吾言乎？夫道一而已矣。

"成覸谓齐景公曰：'彼丈夫也，我丈夫也，吾何畏彼哉？'颜渊曰：'舜何人也？予何人也？有为者亦若是。'公明仪曰：'文王我师也，周公岂欺我哉？'

"今滕，绝长补短，将五十里也，犹可以为善国。《书》曰：'若药不瞑眩，厥疾不瘳。'"（《滕文公》）

滕定公薨。世子谓然友曰："昔者孟子尝与我言于宋，于心终不忘。今也不幸至于大故，吾欲使子问于孟子，然后行事。"

然友之邹问于孟子。

孟子曰："不亦善乎！亲丧固所自尽也。曾子曰：'生，事之以礼；死，葬之以礼，祭之以礼，可谓孝矣。'诸侯之礼，吾未之学也；虽然，吾尝闻之矣。三年之丧，斋疏之服，飦粥之食，自天子达于庶人，三代共之。"

然友反命，定为三年之丧。父兄百官皆不欲，曰："吾宗国鲁先君莫之行，吾先君亦莫之行也，至于子之身而反之，不可。且志曰：'丧祭从先祖。'"曰："吾有所受之也。"

谓然友曰："吾他日未尝学问，好驰马试剑。今也父兄百官不我足也，恐其不能尽于大事，子为我问孟子。”

然友复之邹问孟子。

孟子曰：“然。不可以他求者也。孔子曰：‘君薨，听于冢宰。歠粥面深墨。即位而哭，百官有司，莫敢不哀，先之也。’上有好者，下必有甚焉者矣。君子之德，风也；小人之德，草也。草尚之风必偃。是在世子。”

然友反命。世子曰：“然。是诚在我。”五月居庐，未有命戒。百官族人可谓曰知。及至葬，四方来观之，颜色之戚，哭泣之哀，吊者大悦。（《滕文公》）

齐宣王欲短丧。

公孙丑曰：“为期之丧，犹愈于已乎？”

孟子曰：“是犹或紾其兄之臂，子谓之姑徐徐云尔，亦教之孝弟而已矣。”

王子有其母死者，其傅为之请数月之丧。

公孙丑曰：“若此者何如也？”

曰：“是欲终之而不可得也。虽加一日愈于已，谓夫莫之禁而弗为者也。（《尽心》）

孟子自齐葬于鲁，反于齐，止于嬴。

充虞请曰：“前日不知虞之不肖，使虞敦匠事。严，虞不敢请。今愿窃有请也，木若以美然。”

曰："古者棺椁无度，中古棺七寸，椁称之。自天子达于庶人。非直为观美也，然后尽于人心。

"不得不可以为悦，无财不可以为悦。得之为有财，古之人皆用之，吾何为独不然？且比化者，无使土亲肤，于人心独无恔乎？吾闻之也，君子不以天下俭其亲。"（《公孙丑》）

鲁平公将出。嬖人臧仓者请曰："他日君出，则必命有司所之。今乘舆已驾矣，有司未知所之。敢请。"

公曰："将见孟子。"

曰："何哉？君所为轻身以先于匹夫者，以为贤乎？礼义由贤者出。而孟子之后丧逾前丧。君无见焉！"

公曰："诺。"

乐正子入见曰："君奚为不见孟轲也？"

曰："或告寡人曰，'孟子之后丧逾前丧，'是以不往见也。"

曰："何哉君所谓逾者？前以士，后以大夫；前以三鼎，而后以五鼎与？"

曰："否，谓棺椁衣衾之美也。"

曰："非所谓逾也，贫富不同也。"

乐正子见孟子，曰："克告于君，君为来见也。嬖人有臧仓者沮君，君是以不果来也。"

曰："行或使之，止或尼之。行止，非人所能也。吾之不遇鲁侯，天也。臧氏之子焉能使予不遇哉？"（《梁惠王》）

墨者夷之，因徐辟而求见孟子。

孟子曰："吾固愿见，今吾尚病，病愈，我且往见，夷子不来。"

他日又求见孟子。

孟子曰："吾今则可以见矣。不直，则道不见；我且直之。吾闻夷子墨者。墨之治丧也，以薄为其道也。夷子思以易天下，岂以为非是而不贵也？然而夷子葬其亲厚，则是以所贱事亲也。"

徐子以告夷子。

夷子曰："儒者之道，古之人'若保赤子'，此言何谓也？之则以为爱无差等，施由亲始。"

徐子以告孟子。

孟子曰："夫夷子，信以为人之亲其兄之子为若亲其邻之赤子乎？彼有取尔也。赤子匍匐将入井，非赤子之罪也。且天之生物也，使之一本，而夷子二本故也。

"盖上世尝有不葬其亲者。其亲死，则举而委之于壑。他日过之，狐狸食之，蝇蚋姑嘬之。其颡有泚，睨而不视。夫泚也，非为人泚，中心达于面目。盖归反虆梩而掩之。掩之诚是也，则孝子仁人之掩其亲，亦必有道矣。”

徐子以告夷子。夷子怃然为间曰：“命之矣。”（《滕文公》）

三

公孙丑曰：“君子之不教子，何也？”

孟子曰：“势不行也。教者必以正；以正不行，继之以怒；继之以怒，则反夷矣。‘夫子教我以正，夫子未出于正也。’则是父子相夷也。父子相夷，则恶矣。

“古者易子而教之。父子之间不责善。责善则离，离则不祥莫大焉。”（《离娄》）

公都子曰：“匡章，通国皆称不孝焉。夫子与之游，又从而礼貌之，敢问何也？”

孟子曰：“世俗所谓不孝者五：惰其四支，不顾父母之养，一不孝也；博弈好饮酒，不顾父母之养，二不孝也；好货财，私妻子，不顾父母之养，三不孝也；从耳目之欲，以为父母戮，四不孝也；好勇斗很，以危父母，五不孝也。章子有一于是乎？

“夫章子，子父责善而不相遇也。责善，朋友之道也；父子责善，贼恩之大者。

“夫章子，岂不欲有夫妻子母之属哉？为得罪于父，不得近。出妻屏子，终身不养焉。其设心以为不若是，是则罪之大者，是则章子已矣。”（《离娄》）

《孟子比谊》卷三终

卷四　仁政

一

孟子见梁惠王。

王曰："叟不远千里而来，亦将有以利吾国乎？"

孟子对曰："王何必曰利？亦有仁义而已矣。王曰'何以利吾国'？大夫曰'何以利吾家'？士庶人曰'何以利吾身'？上下交征利而国危矣。万乘之国弑其君者，必千乘之家；千乘之国弑其君者，必百乘之家。万取千焉，千取百焉，不为不多矣。苟为后义而先利，不夺不餍。

"未有仁而遗其亲者也，未有义而后其君者也。王亦曰仁义而已矣，何必曰利？"（《梁惠王》）

宋牼将之楚，孟子遇于石丘。

曰："先生将何之？"

曰："吾闻秦楚构兵，我将见楚王说而罢之。楚王不悦，我将见秦王说而罢之，二王我将有所遇焉。"

曰："轲也请无问其详，愿闻其指。说之将何如？"

曰："我将言其不利也。"

曰："先生之志则大矣，先生之号则不可。

"先生以利说秦楚之王，秦楚之王悦于利，以罢三军之师，是三军之士乐罢而悦于利也。为人臣者怀利以事其君，为人子者怀利以事其父，为人弟者怀利以事其兄。是君臣、父子、兄弟终去仁义，怀利以相接，然而不亡者，未之有也。

"先生以仁义说秦楚之王，秦楚之王悦于仁义，而罢三军之师，是三军之士乐罢而悦于仁义也。为人臣者怀仁义以事其君，为人子者怀仁义以事其父，为人弟者怀仁义以事其兄，是君臣、父子、兄弟去利，怀仁义以相接也。然而不王者，未之有也。何必曰利？"（《告子》）

二

孟子曰："离娄之明，公输子之巧，不以规矩，不能成方圆；师旷之聪，不以六律，不能正五音；尧舜之道，不以仁政，不能平治天下。

“今有仁心仁闻而民不被其泽，不可法于后世者，不行先王之道也。

“故曰，徒善不足以为政，徒法不能以自行。

“《诗》云：‘不愆不忘，率由旧章。’遵先王之法而过者，未之有也。

“圣人既竭目力焉，继之以规矩准绳，以为方员平直，不可胜用也；既竭耳力焉，继之以六律，正五音，不可胜用也；既竭心思焉，继之以不忍人之政，而仁覆天下矣。

“故曰，为高必因丘陵，为下必因川泽。为政不因先王之道，可谓智乎？

“是以惟仁者宜在高位。不仁而在高位，是播其恶于众也。

“上无道揆也，下无法守也。朝不信道，工不信度，君子犯义，小人犯刑，国之所存者，幸也。

“故曰：城郭不完，兵甲不多，非国之灾也；田野不辟，货财不聚，非国之害也。上无礼，下无学，贼民兴，丧无日矣。

“《诗》曰：‘天之方蹶，无然泄泄。’泄泄，犹沓沓也。事君无义，进退无礼，言则非先王之道者，犹沓沓也。

“故曰，责难于君谓之恭，陈善闭邪谓之敬，吾君不能谓之贼。”（《离娄》）

孟子曰：“规矩，方圆之至也；圣人，人伦之至也。

“欲为君尽君道，欲为臣尽臣道，二者皆法尧舜而已矣。不以舜之所以事尧事君，不敬其君者也；不以尧之所以治民治民，贼其民者也。

“孔子曰：‘道二：仁与不仁而已矣。’暴其民甚，则身弑国亡；不甚，则身危国削。名之曰‘幽厉’，虽孝子慈孙，百世不能改也。

“《诗》云：‘殷鉴不远，在夏后之世。’此之谓也。”（《离娄》）

孟子曰：“三代之得天下也以仁，其失天下也以不仁。国之所以废兴存亡者亦然。

“天子不仁，不保四海；诸侯不仁，不保社稷；卿大夫不仁，不保宗庙；士庶人不仁，不保四体。

“今恶死亡而乐不仁，是犹恶醉而强酒。”（《离娄》）

孟子曰：“仁则荣，不仁则辱。今恶辱而居不仁，是犹恶湿而居下也。

“如恶之，莫如贵德而尊士，贤者在位，能者在职。国家闲暇，及是时明其政刑。虽大国，必畏之矣。

“《诗》云：‘迨天之未阴雨，彻彼桑土，绸缪牖户。今此下民，或敢侮予？’

“孔子曰：‘为此诗者，其知道乎！能治其国家，谁敢

侮之？’

“今国闲暇，及是时般乐怠敖，是自求祸也。祸福无不自己求之者。

“《诗》云：‘永言配命，自求多福。’《太甲》曰：‘天作孽，犹可违；自作孽，不可活。’此之谓也。”（《公孙丑》）

孟子曰：“不仁者可与言哉？安其危而利其菑，乐其所以亡者。不仁而可与言，则何亡国败家之有？

“有《孺子歌》曰：‘沧浪之水清兮，可以濯我缨；沧浪之水浊兮，可以濯我足。’孔子曰：‘小子听之！清斯濯缨，浊斯濯足矣，自取之也。’

“夫人必自侮，然后人侮之；家必自毁，而后人毁之；国必自伐，而后人伐之。《太甲》曰：‘天作孽，犹可违；自作孽，不可活。’此之谓也。”（《离娄》）

孟子曰：“仁之胜不仁也，犹水胜火。今之为仁者，犹以一杯水，救一车薪之火也；不熄，则谓之水不胜火，此又与于不仁之甚者也。亦终必亡而已矣。”（《告子》）

孟子曰：“不仁而得国者，有之矣；不仁而得天下，未之有也。”（《尽心》）

孟子曰：“以力假仁者霸，霸必有大国，以德行仁者王，王不待大。汤以七十里，文王以百里。

“以力服人者，非心服也，力不赡也；以德服人者，中心悦而诚服也，如七十子之服孔子也。

“《诗》云：‘自西自东，自南自北，无思不服。’此之谓也。”（《公孙丑》）

孟子曰：“尧舜性之也，汤武身之也，五霸假之也。久假而不归，恶知其非有也。”（《尽心》）

孟子曰：“以善服人者，未有能服人者也；以善养人，然后能服天下。天下不心服而王者，未之有也。”（《离娄》）

孟子曰：“霸者之民，驩虞如也；王者之民，皞皞如也。杀之而不怨，利之而不庸，民日迁善而不知为之者。夫君子所过者化，所存者神，上下与天地同流，岂曰小补之哉？”（《尽心》）

孟子曰：“天时不如地利，地利不如人和。

“三里之城，七里之郭，环而攻之而不胜。夫环而攻之，必有得天时者矣；然而不胜者，是天时不如地利也。

“城非不高也，池非不深也，兵革非不坚利也，米粟非不多也；委而去之，是地利不如人和也。

“故曰：域民不以封疆之界，固国不以山溪之险，威天下不以兵革之利。得道者多助，失道者寡助。寡助之至，亲戚畔之；多助之至，天下顺之。

“以天下之所顺，攻亲戚之所畔；故君子有不战，战必胜矣。”（《公孙丑》）

孟子曰：“桀纣之失天下也，失其民也；失其民者，失其心也。得天下有道：得其民，斯得天下矣；得其民有道：得其心，斯得民矣；得其心有道：所欲与之聚之，所恶勿施尔也。

“民之归仁也，犹水之就下、兽之走圹也。

“故为渊驱鱼者，獭也；为丛驱爵者，鹯也；为汤武驱民者，桀与纣也。

“今天下之君有好仁者，则诸侯皆为之驱矣。虽欲无王，不可得已。

“今之欲王者，犹七年之病求三年之艾也。苟为不畜，终身不得。苟不志于仁，终身忧辱，以陷于死亡。

“《诗》云：‘其何能淑，载胥及溺。’此之谓也。”（《离娄》）

孟子曰：“天下有道，小德役大德，小贤役大贤；天下无道，小役大，弱役强。斯二者天也，顺天者存，逆天者亡。

“齐景公曰：‘既不能令，又不受命，是绝物也。’涕出而女于吴。

“今也小国师大国而耻受命焉，是犹弟子而耻受命于先师也。

“如耻之，莫若师文王。师文王，大国五年，小国七年，必为政于天下矣。

“《诗》云：‘商之孙子，其丽不亿。上帝既命，侯于周服。侯服于周，天命靡常。殷士肤敏，祼将于京。’孔子曰：‘仁不可为众也。夫国君好仁，天下无敌。’

“今也欲无敌于天下而不以仁，是犹执热而不以濯也。《诗》云：‘谁能执热，逝不以濯？’”（《离娄》）

三

孟子见梁襄王。

出，语人曰：“望之不似人君，就之而不见所畏焉。卒然问曰：‘天下恶乎定？’吾对曰：‘定于一。’

“‘孰能一之？’

“对曰：‘不嗜杀人者能一之。’

“‘孰能与之？’

“对曰：‘天下莫不与也。王知夫苗乎？七八月之间旱，则苗槁矣。天油然作云，沛然下雨，则苗浡然兴之矣。其如是，孰能御之？今夫天下之人牧，未有不嗜杀人者也，如有不

嗜杀人者，则天下之民皆引领而望之矣。诚如是也，民归之，由水之就下，沛然谁能御之？’”（《梁惠王》）

齐宣王问曰：“齐桓、晋文之事可得闻乎？”

孟子对曰：“仲尼之徒无道桓、文之事者，是以后世无传焉。臣未之闻也。无以，则王乎？”

曰：“德何如，则可以王矣？”

曰：“保民而王，莫之能御也。”

曰：“若寡人者，可以保民乎哉？”

曰：“可。”

曰：“何由知吾可也？”

曰：“臣闻之胡龁曰，王坐于堂上，有牵牛而过堂下者，王见之，曰：‘牛何之？’对曰：‘将以衅钟。’王曰：‘舍之！吾不忍其觳觫，若无罪而就死地。’对曰：‘然则废衅钟与？’曰：‘何可废也？以羊易之！’不识有诸？”

曰：“有之。”

曰：“是心足以王矣。百姓皆以王为爱也，臣固知王之不忍也。”

王曰：“然。诚有百姓者。齐国虽褊小，吾何爱一牛？即不忍其觳觫，若无罪而就死地，故以羊易之也。”

曰：“王无异于百姓之以王为爱也。以小易大，彼恶知之？王若隐其无罪而就死地，则牛羊何择焉？”

王笑曰：“是诚何心哉？我非爱其财。而易之以羊也，宜乎百姓之谓我爱也。”

曰：“无伤也，是乃仁术也，见牛未见羊也。君子之于禽兽也，见其生，不忍见其死；闻其声，不忍食其肉。是以君子远庖厨也。”

王说曰：“《诗》云：‘他人有心，予忖度之。’夫子之谓也。夫我乃行之，反而求之，不得吾心。夫子言之，于我心有戚戚焉。此心之所以合于王者，何也？”

曰：“有复于王者曰：‘吾力足以举百钧’，而不足以举一羽；‘明足以察秋毫之末’，而不见舆薪，则王许之乎？”

曰：“否。”

“今恩足以及禽兽，而功不至于百姓者，独何与？然则一羽之不举，为不用力焉；舆薪之不见，为不用明焉，百姓之不见保，为不用恩焉。故王之不王，不为也，非不能也。”

曰：“不为者与不能者之形何以异？”

曰：“挟太山以超北海，语人曰‘我不能’，是诚不能也。为长者折枝，语人曰‘我不能’，是不为也，非不能也。故王之不王，非挟太山以超北海之类也；王之不王，是折枝之类也。

“老吾老，以及人之老；幼吾幼，以及人之幼。天下可运于掌。《诗》云：‘刑于寡妻，至于兄弟，以御于家邦。’言举斯心加诸彼而已。故推恩足以保四海，不推恩无以保妻子。古之人所以大过人者无他焉，善推其所为而已矣。今恩足以及禽兽，而功不至于百姓者，独何与？

“权，然后知轻重；度，然后知长短。物皆然，心为甚。王请度之。

“抑王兴甲兵，危士臣，构怨于诸侯，然后快于心与？”

王曰：“否。吾何快于是？将以求吾所大欲也。”

曰：“王之所大欲可得闻与？”

王笑而不言。

曰：“为肥甘不足于口与？轻暖不足于体与？抑为采色不足视于目与？声音不足听于耳与？便嬖不足使令于前与？王之诸臣皆足以供之，而王岂为是哉？”

曰：“否。吾不为是也。”

曰：“然则王之所大欲可知已。欲辟土地，朝秦楚，莅中国而抚四夷也。以若所为求若所欲，犹缘木而求鱼也。”

王曰：“若是其甚与？”

曰：“殆有甚焉。缘木求鱼，虽不得鱼，无后灾。以若所为，求若所欲，尽心力而为之，后必有灾。”

曰："可得闻与？"

曰："邹人与楚人战，则王以为孰胜？"

曰："楚人胜。"

曰："然则小固不可以敌大，寡固不可以敌众，弱固不可以敌强。海内之地方千里者九，齐集有其一。以一服八，何以异于邹敌楚哉？盖亦反其本矣。

"今王发政施仁，使天下仕者皆欲立于王之朝，耕者皆欲耕于王之野，商贾皆欲藏于王之市，行旅皆欲出于王之涂，天下之欲疾其君者皆欲赴愬于王。其若是，孰能御之？"

王曰："吾惛，不能进于是矣。愿夫子辅吾志，明以教我。我虽不敏，请尝试之。"

曰："无恒产而有恒心者，惟士为能。若民，则无恒产，因无恒心。苟无恒心，放辟邪侈，无不为已。及陷于罪，然后从而刑之，是罔民也。焉有仁人在位，罔民而可为也？

"是故明君制民之产，必使仰足以事父母，俯足以畜妻子，乐岁终身饱，凶年免于死亡。然后驱而之善，故民之从之也轻。

"今也制民之产，仰不足以事父母，俯不足以畜妻子，乐岁终身苦，凶年不免于死亡。此惟救死而恐不赡，奚暇治礼义哉？

“王欲行之，则盍反其本矣。

“五亩之宅，树之以桑，五十者可以衣帛矣；鸡豚狗彘之畜，无失其时，七十者可以食肉矣；百亩之田，勿夺其时，八口之家可以无饥矣；谨庠序之教，申之以孝悌之义，颁白者不负戴于道路矣。老者衣帛食肉，黎民不饥不寒，然而不王者，未之有也。”（《梁惠王》）

梁惠王曰：“寡人之于国也，尽心焉耳矣。河内凶，则移其民于河东，移其粟于河内。河东凶亦然。察邻国之政，无如寡人之用心者。邻国之民不加少，寡人之民不加多，何也？”

孟子对曰：“王好战，请以战喻。填然鼓之，兵刃既接，弃甲曳兵而走。或百步而后止，或五十步而后止。以五十步笑百步，则何如？”

曰：“不可，直不百步耳，是亦走也。”

曰：“王如知此，则无望民之多于邻国也。

“不违农时，谷不可胜食也；数罟不入洿池，鱼鳖不可胜食也；斧斤以时入山林，材木不可胜用也。谷与鱼鳖不可胜食，材木不可胜用，是使民养生丧死无憾也。养生丧死无憾，王道之始也。

“五亩之宅，树之以桑，五十者可以衣帛矣；鸡豚狗彘之畜，无失其时，七十者可以食肉矣；百亩之田，勿夺其时，数口之家可以无饥矣；谨庠序之教，申之以孝悌之义，颁白者不负戴于道路矣。七十者衣帛食肉，黎民不饥不寒，然而不王者，未之有也。

“狗彘食人食而不知检，涂有饿莩而不知发；人死，则曰：‘非我也，岁也。’是何异于刺人而杀之，曰：‘非我也，兵也。’王无罪岁，斯天下之民至焉。”（《梁惠王》）

梁惠王曰：“寡人愿安承教。”

孟子对曰：“杀人以梃与刃，有以异乎？”

曰：“无以异也。”

“以刃与政，有以异乎？”

曰：“无以异也。”

曰：“庖有肥肉，厩有肥马，民有饥色，野有饿莩，此率兽而食人也。兽相食，且人恶之。为民父母，行政不免于率兽而食人。恶在其为民父母也！

“仲尼曰：‘始作俑者，其无后乎！’为其象人而用之也。如之何其使斯民饥而死也？”（《梁惠王》）

孟子曰：“伯夷辟纣，居北海之滨，闻文王作，兴曰：‘盍归乎来？吾闻西伯善养老者。’太公辟纣，居东海之滨，闻文王作，兴曰：‘盍归乎来？吾闻西伯善养老者。’天下有善养老，则仁人以为己归矣。

“五亩之宅，树墙下以桑，匹妇蚕之，则老者足以衣帛矣。五母鸡，二母彘，无失其时，老者足以无失肉矣。百亩之田，匹夫耕之，八口之家可以无饥矣。

“所谓西伯善养老者，制其田里，教之树畜，导其妻子，使养其老。五十非帛不暖，七十非肉不饱。不暖不饱，谓之冻馁。文王之民，无冻馁之老者，此之谓也。”（《尽心》）

孟子曰：“伯夷辟纣，居北海之滨，闻文王作，兴曰：‘盍归乎来！吾闻西伯善养老者。’太公辟纣，居东海之滨，闻文王作，兴曰：‘盍归乎来！吾闻西伯善养老者。’

“二老者，天下之大老也，而归之，是天下之父归之也。天下之父归之，其子焉往？

“诸侯有行文王之政者，七年之内，必为政于天下矣。”（《离娄》）

孟子曰：“尊贤使能，俊杰在位，则天下之士皆悦而愿立于其朝矣。市廛而不征，法而不廛，则天下之商皆悦而愿藏于其市矣。关讥而不征，则天下之旅皆悦而愿出于其路矣。耕者助而不税，则天下之农皆悦而愿耕于其野矣。廛无夫里之布，则天下之民皆悦而愿为之氓矣。

“信能行此五者，则邻国之民仰之若父母矣。率其子弟，攻其父母，自生民以来，未有能济者也。如此，则无

敌于天下。无敌于天下者，天吏也。然而不王者，未之有也。”（《公孙丑》）

梁惠王曰：“晋国，天下莫强焉，叟之所知也。及寡人之身，东败于齐，长子死焉；西丧地于秦七百里；南辱于楚。寡人耻之，愿比死者一洒之，如之何则可？”

孟子对曰：“地方百里而可以王。王如施仁政于民，省刑罚，薄税敛，深耕易耨。壮者以暇日修其孝悌忠信，入以事其父兄，出以事其长上，可使制梃以挞秦楚之坚甲利兵矣。

“彼夺其民时，使不得耕耨以养其父母，父母冻饿，兄弟妻子离散。彼陷溺其民，王往而征之，夫谁与王敌？

“故曰：‘仁者无敌。’王请勿疑！”（《梁惠王》）

孟子曰：“易其田畴，薄其税敛，民可使富也。食之以时，用之以礼，财不可胜用也。民非水火不生活，昏暮叩人之门户，求水火，无弗与者，至足矣。圣人治天下，使有菽粟如水火。菽粟如水火，而民焉有不仁者乎？”（《尽心》）

滕文公问为国。

孟子曰：“民事不可缓也。《诗》云：‘昼尔于茅，宵尔索绹；亟其乘屋，其始播百谷。’

“民之为道也，有恒产者有恒心，无恒产者无恒心。苟无恒心，放辟邪侈，无不为已。及陷乎罪，然后从而刑之，是罔民也。焉有仁人在位，罔民而可为也？

“是故贤君必恭俭礼下，取于民有制。——阳虎曰：‘为富不仁矣，为仁不富矣。’

“夏后氏五十而贡，殷人七十而助，周人百亩而彻，其实皆什一也。助者，藉也。

“龙子曰：‘治地莫善于助，莫不善于贡。贡者校数岁之中以为常。乐岁，粒米狼戾，多取之而不为虐，则寡取之；凶年，粪其田而不足，则必取盈焉。为民父母，使民盻盻然，将终岁勤动，不得以养其父母，又称贷而益之。使老稚转乎沟壑，恶在其为民父母也？’

“夫世禄，滕固行之矣。

“《诗》云：‘雨我公田，遂及我私。’惟助为有公田。由此观之，虽周亦助也。

“设为庠序学校以教之：庠者，养也；校者，教也；序者，射也。夏曰校，殷曰序，周曰庠，学则三代共之，皆所以明人伦也。人伦明于上，小民亲于下。

“有王者起，必来取法，是为王者师也。

“《诗》云‘周虽旧邦，其命惟新’，文王之谓也。子力行之，亦以新子之国。”（**《滕文公》**）

孟子曰：“恭者不侮人，俭者不夺人。侮夺人之君，惟

恐不顺焉，恶得为恭俭？恭俭岂可以声音笑貌为哉？”（《离娄》）

使毕战问井地。

孟子曰：“子之君将行仁政，选择而使子，子必勉之！夫仁政，必自经界始。经界不正，井地不钧，谷禄不平。是故暴君污吏必慢其经界。经界既正，分田制禄可坐而定也。

“夫滕壤地褊小，将为君子焉，将为野人焉。无君子莫治野人，无野人莫养君子。

“请野九一而助，国中什一使自赋。卿以下必有圭田，圭田五十亩。余夫二十五亩。死徙无出乡，乡田同井。出入相友，守望相助，疾病相扶持，则百姓亲睦。方里而井，井九百亩，其中为公田。八家皆私百亩，同养公田。公事毕，然后敢治私事，所以别野人也。

“此其大略也。若夫润泽之，则在君与子矣。”（《滕文公》）

北宫锜问曰：“周室班爵禄也，如之何？”

孟子曰：“其详不可得闻也。诸侯恶其害己也，而皆去其籍。然而轲也，尝闻其略也。

“天子一位，公一位，侯一位，伯一位，子、男同一位，凡五等也。君一位，卿一位，大夫一位，上士一位，中士一位，下士一位，凡六等。

“天子之制，地方千里，公侯皆方百里，伯七十里，子、男五十里，凡四等。不能五十里，不达于天子，附于诸侯，曰附庸。

“天子之卿受地视侯，大夫受地视伯，元士受地视子、男。

“大国地方百里，君十卿禄，卿禄四大夫，大夫倍上士，上士倍中士，中士倍下士，下士与庶人在官者同禄，禄足以代其耕也。[①]

“小国地方五十里，君十卿禄，卿禄二大夫，大夫倍上士，上士倍中士，中士倍下士，下士与庶人在官者同禄，禄足以代其耕也。

“耕者之所获，一夫百亩。百亩之粪，上农夫食九人，上次食八人，中食七人，中次食六人，下食五人。庶人在官者，其禄以是为差。”（《万章》）

齐宣王问曰：“人皆谓我毁明堂。毁诸？已乎？”

孟子对曰：“夫明堂者，王者之堂也。王欲行王政，则勿毁之矣。”

王曰：“王政可得闻与？”

---

① 其后省略“次国地方七十里，君十卿禄，卿禄三大夫，大夫倍上士，上士倍中士，中士倍下士，下士与庶人在官者同禄，禄足以代其耕也”。

对曰："昔者文王之治岐也，耕者九一，仕者世禄，关市讥而不征，泽梁无禁，罪人不孥。老而无妻曰鳏，老而无夫曰寡，老而无子曰独，幼而无父曰孤。此四者，天下之穷民而无告者。文王发政施仁，必先斯四者。《诗》云：'哿矣富人，哀此茕独。'"

王曰："善哉言乎！"

曰："王如善之，则何为不行？"

王曰："寡人有疾，寡人好货。"

对曰："昔者公刘好货。《诗》云：'乃积乃仓，乃裹糇粮，于橐于囊。思戢用光。弓矢斯张，干戈戚扬，爰方启行。'故居者有积仓，行者有裹粮也，然后可以爰方启行。王如好货，与百姓同之，于王何有？"

王曰："寡人有疾，寡人好色。"

对曰："昔者大王好色，爱厥妃。《诗》云：'古公亶父，来朝走马，率西水浒，至于岐下。爰及姜女，聿来胥宇。'当是时也，内无怨女，外无旷夫。王如好色，与百姓同之，于王何有？"（《梁惠王》）

孟子见梁惠王，王立于沼上，顾鸿雁麋鹿，曰："贤者亦乐此乎？"

孟子对曰："贤者而后乐此，不贤者虽有此，不乐也。

“《诗》云：‘经始灵台，经之营之，庶民攻之，不日成之。经始勿亟，庶民子来。王在灵囿，麀鹿攸伏，麀鹿濯濯，白鸟鹤鹤。王在灵沼，于牣鱼跃。’文王以民力为台为沼。而民欢乐之，谓其台曰灵台，谓其沼曰灵沼，乐其有麋鹿鱼鳖。古之人与民偕乐，故能乐也。

“《汤誓》曰：‘时日害丧？予及女偕亡。’民欲与之偕亡，虽有台池鸟兽，岂能独乐哉？”（《梁惠王》）

庄暴见孟子，曰：“暴见于王，王语暴以好乐，暴未有以对也。”曰：“好乐何如？”

孟子曰：“王之好乐甚，则齐国其庶几乎！”

他日，见于王曰：“王尝语庄子以好乐，有诸？”

王变乎色，曰：“寡人非能好先王之乐也，直好世俗之乐耳。”

曰：“王之好乐甚，则齐其庶几乎！今之乐犹古之乐也。”

曰：“可得闻与？”

曰：“独乐乐，与人乐乐，孰乐？”

曰：“不若与人。”

曰：“与少乐乐，与众乐乐，孰乐？”

曰：“不若与众。”

“臣请为王言乐：

“今王鼓乐于此，百姓闻王钟鼓之声，管籥之音，举疾首蹙颎而相告曰：‘吾王之好鼓乐，夫何使我至于此极也？父子不相见，兄弟妻子离散。’

“今王田猎于此，百姓闻王车马之音，见羽旄之美，举疾首蹙颎而相告曰：‘吾王之好田猎，夫何使我至于此极也？父子不相见，兄弟妻子离散。’此无他，不与民同乐也。

“今王鼓乐于此，百姓闻王钟鼓之声，管籥之音，举欣欣然有喜色而相告曰：‘吾王庶几无疾病与？何以能鼓乐也？’

“今王田猎于此，百姓闻王车马之音，见羽旄之美，举欣欣然有喜色而相告曰‘吾王庶几无疾病与？何以能田猎也？’——此无他，与民同乐也。

“今王与百姓同乐，则王矣。”（《梁惠王》）

高子曰：“禹之声，尚文王之声。”

孟子曰：“何以言之？”

曰：“以追蠡。”

曰：“是奚足哉？城门之轨，两马之力与？”（《尽心》）

齐宣王见孟子于雪宫。

王曰：“贤者亦有此乐乎？”

孟子对曰："有。人不得，则非其上矣。

"不得而非其上者，非也；为民上而不与民同乐者，亦非也。乐民之乐者，民亦乐其乐；忧民之忧者，民亦忧其忧。乐以天下，忧以天下，然而不王者，未之有也。

"昔者齐景公问于晏子，曰：'吾欲观于转附、朝儛，遵海而南，放于琅邪。吾何修而可以比于先王观也？'

"晏子对曰：'善哉问也！天子适诸侯曰巡狩，巡狩者，巡所守也；诸侯朝于天子曰述职，述职者，述所职也。无非事者。春省耕而补不足，秋省敛而助不给。夏谚曰：'吾王不游，吾何以休？吾王不豫，吾何以助？一游一豫，为诸侯度。'

"今也不然。师行而粮食，饥者弗食，劳者弗息。睊睊胥谗，民乃作慝。方命虐民，饮食若流，流连荒亡，为诸侯忧。

"从流下而忘反，谓之流；从流上而忘反，谓之连；从兽无厌，谓之荒；乐酒无厌，谓之亡。先王无流连之乐，荒亡之行。惟君所行也。'

"景公说，大戒于国，出舍于郊，于是始兴发补不足。召大师曰：'为我作君臣相说之乐！'盖《徵招》《角招》是也。其诗曰：'畜君何尤？'畜君者，好君也。"（《梁惠王》）

齐宣王问曰：“文王之囿方七十里，有诸？”

孟子对曰：“于传有之。”

曰：“若是其大乎？”

曰：“民犹以为小也。”

曰：“寡人之囿方四十里，民犹以为大，何也？”

曰：“文王之囿方七十里，刍荛者往焉，雉兔者往焉，与民同之。民以为小，不亦宜乎？臣始至于境，问国之大禁，然后敢入。臣闻郊关之内，有囿方四十里，杀其麋鹿者如杀人之罪。则是方四十里，为阱于国中，民以为大，不亦宜乎？”（《梁惠王》）

孟子曰：“诸侯之宝三：土地，人民，政事。宝珠玉者，殃必及身。”（《尽心》）

孟子曰：“不信仁贤，则国空虚。无礼义，则上下乱。无政事，则财用不足。”（《尽心》）

孟子曰：“为政不难，不得罪于巨室。巨室之所慕，一国慕之；一国之所慕，天下慕之；故沛然德教溢乎四海。”（《离娄》）

子产听郑国之政，以其乘舆济人于溱洧。

孟子曰：“惠而不知为政。岁十一月徒杠成，十二月舆梁成，民未病涉也。君子平其政，行辟人可也。焉得人人而济

之？故为政者，每人而悦之，日亦不足矣。”（《离娄》）

盆成括仕于齐。孟子曰：“死矣盆成括！”

盆成括见杀。门人问曰：“夫子何以知其将见杀？”

曰：“其为人也小有才，未闻君子之大道也，则足以杀其躯而已矣。”（《尽心》）

四

孟子曰：“五霸者，三王之罪人也；今之诸侯，五霸之罪人也；今之大夫，今之诸侯之罪人也。

“天子适诸侯曰巡狩，诸侯朝于天子曰述职。春省耕而补不足，秋省敛而助不给。入其疆，土地辟，田野治，养老尊贤，俊杰在位，则有庆，庆以地。入其疆，土地荒芜，遗老失贤，掊克在位，则有让。一不朝，则贬其爵；再不朝，则削其地；三不朝，则六师移之。是故天子讨而不伐，诸侯伐而不讨。五霸者，搂诸侯以伐诸侯者也，故曰：五霸者，三王之罪人也。

“五霸，桓公为盛。葵丘之会诸侯，束牲、载书而不歃血。初命曰：‘诛不孝，无易树子，无以妾为妻。’再命曰：‘尊贤育才，以彰有德。’三命曰：‘敬老慈幼，无忘宾旅。’四命曰：‘士无世官，官事无摄，取士必得，无专杀大夫。’五命曰：‘无曲防，无遏籴，无有封而不告。’曰：‘凡我同盟之人，既盟之后，言归于好。’今之诸侯，皆犯此五禁，故曰：今之诸侯，五霸之罪人也。

“长君之恶其罪小，逢君之恶其罪大。今之大夫，皆逢君之恶，故曰：今之大夫，今之诸侯之罪人也。”（《告子》）

孟子曰：“今之事君者曰：‘我能为君辟土地，充府库。’今之所谓良臣，古之所谓民贼也。君不乡道，不志于仁，而求富之，是富桀也。‘我能为君约与国，战必克。’今之所谓良臣，古之所谓民贼也。君不乡道，不志于仁，而求为之强战，是辅桀也。由今之道，无变今之俗，虽与之天下，不能一朝居也。”（《告子》）

孟子曰：“有布缕之征，粟米之征，力役之征。君子用其一，缓其二。用其二而民有殍，用其三而父子离。”（《尽心》）

孟子曰：“求也为季氏宰，无能改于其德，而赋粟倍他日。孔子曰：‘求非我徒也，小子鸣鼓而攻之可也。’

“由此观之，君不行仁政而富之，皆弃于孔子者也。况于为之强战？争地以战，杀人盈野；争城以战，杀人盈城。此所谓率土地而食人肉，罪不容于死。

“故善战者服上刑，连诸侯者次之，辟草莱、任土地者次之。”（《离娄》）

白圭曰：“吾欲二十而取一，何如？”

孟子曰：“子之道，貉道也。万室之国，一人陶，则可乎？”

曰：“不可，器不足用也。”

曰：“夫貉，五谷不生，惟黍生之。无城郭、宫室、宗庙、祭祀之礼，无诸侯币帛饔飧，无百官有司，故二十取一而足也。今居中国，去人伦，无君子，如之何其可也？陶以寡，且不可以为国，况无君子乎？欲轻之于尧舜之道者，大貉小貉也；欲重之于尧舜之道者，大桀小桀也。”（《告子》）

白圭曰：“丹之治水也愈于禹。”

孟子曰：“子过矣。禹之治水，水之道也。是故禹以四海为壑，今吾子以邻国为壑。水逆行，谓之洚水。洚水者，洪水也，仁人之所恶也。吾子过矣。”（《告子》）

孟子曰：“古之为关也，将以御暴。今之为关也，将以为暴。”（《尽心》）

戴盈之曰：“什一，去关市之征，今兹未能。请轻之，以待来年，然后已，何如？”

孟子曰：“今有人日攘其邻之鸡者，或告之曰：‘是非君

子之道。’曰：‘请损之，月攘一鸡，以待来年，然后已。’如知其非义，斯速已矣，何待来年。”（《滕文公》）

孟子曰：“有人曰：‘我善为陈，我善为战。’大罪也。国君好仁，天下无敌焉。南面而征北狄怨，东面而征西夷怨。曰：‘奚为后我？’

“武王之伐殷也，革车三百两，虎贲三千人。王曰：‘无畏！宁尔也，非敌百姓也。’若崩厥角稽首。

“征之为言正也，各欲正己也，焉用战？”（《尽心》）

孟子曰：“尽信《书》，则不如无《书》。吾于《武成》，取二三策而已矣。仁人无敌于天下。以至仁伐至不仁，而何其血之流杵也？”（《尽心》）

鲁欲使慎子为将军。

孟子曰：“不教民而用之，谓之殃民。殃民者，不容于尧舜之世。一战胜齐，遂有南阳，然且不可。”

慎子勃然不悦曰：“此则滑厘所不识也。”

曰：“吾明告子。天子之地方千里；不千里，不足以待诸侯。诸侯之地方百里；不百里，不足以守宗庙之典籍。周公之封于鲁，为方百里也；地非不足，而俭于百里。太公之封于齐也，亦为方百里也；地非不足也，而俭于百里。今鲁方百里者五，子以为有王者作，则鲁在所损乎？在所益乎？

“徒取诸彼以与此，然且仁者不为，况于杀人以求之乎？君子之事君也，务引其君以当道，志于仁而已。”（《告子》）

孟子曰：“不仁哉，梁惠王也！仁者以其所爱及其所不爱，不仁者以其所不爱及其所爱。”

公孙丑曰：“何谓也？”

“梁惠王以土地之故，糜烂其民而战之，大败，将复之，恐不能胜，故驱其所爱子弟以殉之，是之谓以其所不爱及其所爱也。”（《尽心》）

孟子曰：“吾今而后知杀人亲之重也：杀人之父，人亦杀其父；杀人之兄，人亦杀其兄。然则非自杀之也，一间耳。”（《尽心》）

五

齐宣王问曰：“交邻国有道乎？”

孟子对曰：“有。惟仁者为能以大事小，是故汤事葛，文王事昆夷；惟智者为能以小事大，故大王事獯鬻，勾践事吴。

“以大事小者，乐天者也；以小事大者，畏天者也。乐天者保天下，畏天者保其国。

"《诗》云：'畏天之威，于时保之。'"

王曰："大哉言矣！寡人有疾，寡人好勇。"

对曰："王请无好小勇。夫抚剑疾视曰：'彼恶敢当我哉？'此匹夫之勇，敌一人者也。王请大之。

"《诗》云：'王赫斯怒，爰整其旅，以遏徂莒，以笃周祜，以对于天下。'此文王之勇也。文王一怒而安天下之民。

"《书》曰：'天降下民，作之君，作之师。惟曰其助上帝，宠之四方。有罪无罪，惟我在，天下曷敢有越厥志？'一人衡行于天下，武王耻之。此武王之勇也。而武王亦一怒而安天下之民。

"今王亦一怒而安天下之民，民惟恐王之不好勇也。"（《梁惠王》）

沈同以其私问曰："燕可伐与？"

孟子曰："可。子哙不得与人燕，子之不得受燕于子哙。有仕于此，而子悦之，不告于王而私与之吾子之禄爵；夫士也，亦无王命而私受之于子，则可乎？何以异于是？"

齐人伐燕。

或问曰："劝齐伐燕，有诸？"

曰："未也。沈同问'燕可伐与'？吾应之曰'可'，彼然而伐之也。彼如曰'孰可以伐之'？则将应之曰：'为天吏，则可以伐之。’今有杀人者，或问之曰‘人可杀与’？则将应之曰‘可’。彼如曰‘孰可以杀之’？则将应之曰：‘为士师，则可以杀之。’今以燕伐燕，何为劝之哉？”（《公孙丑》）

齐人伐燕，胜之。

宣王问曰：“或谓寡人勿取，或谓寡人取之。以万乘之国伐万乘之国，五旬而举之，人力不至于此。不取，必有天殃。取之，何如？”

孟子对曰：“取之而燕民悦，则取之。古之人有行之者，武王是也。取之而燕民不悦，则勿取。古之人有行之者，文王是也。

“以万乘之国伐万乘之国，箪食壶浆，以迎王师。岂有他哉？避水火也。如水益深，如火益热，亦运而已矣。”（《梁惠王》）

齐人伐燕，取之。诸侯将谋救燕。

宣王曰：“诸侯将谋伐寡人者，何以待之？”

孟子对曰：“臣闻七十里为政于天下事，汤是也。未闻以千里畏人者也。

“《书》曰：‘汤一征，自葛始。’天下信之，东面而征，西夷怨；南面而征，北狄怨，曰：‘奚为后我？’民望

之，若大旱之望云霓也。归市者不止，耕者不变，诛其君而吊其民，若时雨降。民大悦。《书》曰：‘傒我后，后来其苏。’

“今燕虐其民，王往而征之，民以为将拯己于水火之中也，箪食壶浆以迎王师。若杀其父兄，系累其子弟，毁其宗庙，迁其重器，如之何其可也？天下固畏齐之强也，今又倍地而不行仁政，是动天下之兵也。

“王速出令，反其旄倪，止其重器，谋于燕众，置君而后去之，则犹可及止也。”（《梁惠王》）

燕人畔。王曰：“吾甚惭于孟子。”

陈贾曰：“王无患焉。王自以为与周公，孰仁且智？”

王曰：“恶！是何言也？”

曰：“周公使管叔监殷，管叔以殷畔。知而使之，是不仁也；不知而使之，是不智也。仁智，周公未之尽也，而况于王乎？贾请见而解之。”

见孟子问曰：“周公何人也？”

曰：“古圣人也。”

曰：“使管叔监殷，管叔以殷畔也，有诸？”

曰：“然。”

曰：“周公知其将畔而使之与？”

曰："不知也。"

"然则圣人且有过与？"

曰："周公，弟也；管叔，兄也。周公之过，不亦宜乎？且古之君子，过则改之；今之君子，过则顺之。古之君子，其过也，如日月之食，民皆见之；及其更也，民皆仰之。今之君子，岂徒顺之，又从为之辞。"（《公孙丑》）

邹与鲁閧。穆公问曰："吾有司死者三十三人，而民莫之死也。诛之，则不可胜诛；不诛，则疾视其长上之死而不救，如之何则可也？"

孟子对曰："凶年饥岁，君之民老弱转乎沟壑，壮者散而之四方者，几千人矣；而君之仓廪实，府库充，有司莫以告，是上慢而残下也。曾子曰：'戒之戒之，出乎尔者，反乎尔者也！'夫民今而后得反之也，君无尤焉。

"君行仁政，斯民亲其上，死其长矣。"（《梁惠王》）

滕文公问曰："滕，小国也，间于齐楚。事齐乎？事楚乎？"

孟子对曰："是谋非吾所能及也。无已，则有一焉：凿斯池也，筑斯城也，与民守之，效死而民弗去，则是可为也。"（《梁惠王》）

滕文公问曰："齐人将筑薛，吾甚恐。如之何则可？"

孟子对曰："昔者大王居邠，狄人侵之，去之岐山之下居焉。非择而取之，不得已也。

"苟为善，后世子孙必有王者矣。君子创业垂统，为可继也。若夫成功，则天也。君如彼何哉？强为善而已矣。"（《梁惠王》）

滕文公问曰："滕，小国也。竭力以事大国，则不得免焉。如之何则可？"

孟子对曰："昔者大王居邠，狄人侵之。事之以皮币，不得免焉；事之以犬马，不得免焉；事之以珠玉，不得免焉。乃属其耆老而告之曰：'狄人之所欲者，吾土地也。吾闻之也：君子不以其所以养人者害人。二三子何患乎无君？我将去之。'去邠，逾梁山，邑于岐山之下居焉。邠人曰：'仁人也，不可失也。'从之者如归市。

"或曰：'世守也，非身之所能为也。效死勿去。'

"君请择于斯二者。"（《梁惠王》）

万章问曰："宋，小国也。今将行王政，齐楚恶而伐之，则如之何？"

孟子曰："汤居亳，与葛为邻，葛伯放而不祀。汤使人问之曰：'何为不祀？'曰：'无以供牺牲也。'汤使遗之牛羊。葛伯食之，又不以祀。汤又使人问之曰：'何为不祀？'

曰：'无以供粢盛也。'汤使亳众往为之耕，老弱馈食。葛伯率其民，要其有酒食黍稻者夺之，不授者杀之。有童子以黍肉饷，杀而夺之。《书》曰：'葛伯仇饷。'此之谓也。

"为其杀是童子而征之，四海之内皆曰：'非富天下也，为匹夫匹妇复雠也。'

"'汤始征，自葛载'，十一征而无敌于天下。东面而征，西夷怨；南面而征，北狄怨，曰：'奚为后我？'民之望之，若大旱之望雨也。归市者弗止，芸者不变，诛其君，吊其民，如时雨降。民大悦。《书》曰：'徯我后，后来其无罚。'

"'有攸不惟臣，东征，绥厥士女，篚厥玄黄，绍我周王见休，惟臣附于大邑周。'其君子实玄黄于篚以迎其君子，其小人箪食壶浆以迎其小人，救民于水火之中，取其残而已矣。

"《太誓》曰：'我武惟扬，侵于之疆，则取于残，杀伐用张，于汤有光。'

"不行王政云尔，苟行王政，四海之内皆举首而望之，欲以为君。齐楚虽大，何畏焉？"（《滕文公》）

六

孟子见齐宣王曰："所谓故国者，非谓有乔木之谓也，有世臣之谓也。王无亲臣矣，昔者所进，今日不知其亡也。"

王曰："吾何以识其不才而舍之？"

曰："国君进贤，如不得已，将使卑逾尊，疏逾戚，可不慎与？

"左右皆曰贤，未可也；诸大夫皆曰贤，未可也；国人皆曰贤，然后察之；见贤焉，然后用之。

"左右皆曰不可，勿听；诸大夫皆曰不可，勿听；国人皆曰不可，然后察之；见不可焉，然后去之。

"左右皆曰可杀，勿听；诸大夫皆曰可杀，勿听；国人皆曰可杀，然后察之；见可杀焉，然后杀之。故曰，国人杀之也。如此，然后可以为民父母。"（《梁惠王》）

孟子曰："人不足与适也，政不足间也，惟大人为能格君心之非。君仁莫不仁；君义莫不义；君正莫不正。一正君而国定矣。"（《离娄》）

孟子谓戴不胜曰："子欲子之王之善与？我明告子。

"有楚大夫于此，欲其子之齐语也，则使齐人傅诸？使楚人傅诸？”

曰：“使齐人傅之。”

曰：“一齐人傅之，众楚人咻之，虽日挞而求其齐也，不可得矣。引而置之庄岳之间数年，虽日挞而求其楚，亦不可得矣。

“子谓薛居州，善士也。使之居于王所。在于王所者，长幼卑尊，皆薛居州也，王谁与为不善？在王所者，长幼卑尊，皆非薛居州也，王谁与为善？一薛居州，独如宋王何？”（《滕文公》）

孟子之平陆。谓其大夫曰：“子之持戟之士，一日而三失伍，则去之否乎？”

曰：“不待三。”

“然则子之失伍也亦多矣。凶年饥岁，子之民，老羸转于沟壑，壮者散而之四方者，几千人矣。”

曰：“此非距心之所得为也。”

曰：“今有受人之牛羊而为之牧之者，则必为之求牧与刍矣。求牧与刍而不得，则反诸其人乎？抑亦立而视其死与？”

曰：“此则距心之罪也。”

他日，见于王曰：“王之为都者，臣知五人焉。知其罪者，惟孔距心。为王诵之。”王曰：“此则寡人之罪也。”（《公孙丑》）

孟子谓齐宣王曰："王之臣有托其妻子于其友，而之楚游者。比其反也，则冻馁其妻子，则如之何？"

王曰："弃之。"

曰："士师不能治士，则如之何？"

王曰："已之。"曰："四境之内不治，则如之何？"

王顾左右而言他。（《梁惠王》）

齐宣王问卿。

孟子曰："王何卿之问也？"

王曰："卿不同乎？"

曰："不同。有贵戚之卿，有异姓之卿。"

王曰："请问贵戚之卿。"

曰："君有大过则谏，反复之而不听，则易位。"

王勃然变乎色。

曰："王勿异也。王问臣，臣不敢不以正对。"

王色定，然后请问异姓之卿。

曰："君有过则谏，反复之而不听，则去。"（《万章》）

孟子曰："民为贵，社稷次之，君为轻。是故得乎丘民而为天子，得乎天子为诸侯，得乎诸侯为大夫。

"诸侯危社稷，则变置。

“牺牲既成，粢盛既洁，祭祀以时，然而旱干水溢，则变置社稷。”（《尽心》）

齐宣王问曰：“汤放桀，武王伐纣，有诸？”

孟子对曰：“于传有之。”

曰：“臣弑其君可乎？”

曰：“贼仁者谓之贼，贼义者谓之残，残贼之人谓之一夫。闻诛一夫纣矣，未闻弑君也。”（《梁惠王》）

万章曰：“尧以天下与舜，有诸？”

孟子曰：“否。天子不能以天下与人。”

“然则舜有天下也，孰与之？”

曰：“天与之。”

“天与之者，谆谆然命之乎？”

曰：“否。天不言，以行与事示之而已矣。”

曰：“以行与事示之者如之何？”

曰：“天子能荐人于天，不能使天与之天下；诸侯能荐人于天子，不能使天子与之诸侯；大夫能荐人于诸侯，不能使诸侯与之大夫。昔者尧荐舜于天而天受之，暴之于民而民受之，故曰：天不言，以行与事示之而已矣。”

曰：“敢问荐之于天而天受之，暴之于民而民受之，如何？”

曰："使之主祭而百神享之，是天受之；使之主事而事治，百姓安之，是民受之也。天与之，人与之，故曰：天子不能以天下与人。

"舜相尧二十有八载，非人之所能为也，天也。尧崩，三年之丧毕，舜避尧之子于南河之南。天下诸侯朝觐者，不之尧之子而之舜；讼狱者，不之尧之子而之舜；讴歌者，不讴歌尧之子而讴歌舜，故曰，天也。夫然后之中国，践天子位焉。而居尧之宫，逼尧之子，是篡也，非天与也。

"《太誓》曰：'天视自我民视，天听自我民听。'此之谓也。"（《万章》）

万章问曰："人有言：'至于禹而德衰，不传于贤而传于子。'有诸？"

孟子曰："否，不然也。天与贤，则与贤；天与子，则与子。

"昔者舜荐禹于天，十有七年，舜崩。三年之丧毕，禹避舜之子于阳城。天下之民从之，若尧崩之后，不从尧之子而从舜也。

"禹荐益于天，七年，禹崩。三年之丧毕，益避禹之子于箕山之阴。朝觐讼狱者不之益而之启，曰：'吾君之子也。'讴歌者不讴歌益而讴歌启，曰：'吾君之子也。'

“丹朱之不肖，舜之子亦不肖。舜之相尧，禹之相舜也，历年多，施泽于民久。启贤，能敬承继禹之道。益之相禹也，历年少，施泽于民未久。舜、禹、益相去久远，其子之贤不肖，皆天也，非人之所能为也。莫之为而为者，天也；莫之致而至者，命也。

“匹夫而有天下者，德必若舜禹，而又有天子荐之者，故仲尼不有天下。

“继世以有天下，天之所废，必若桀纣者也，故益、伊尹、周公不有天下。

“伊尹相汤以王于天下。汤崩，太丁未立，外丙二年，仲壬四年。太甲颠覆汤之典刑，伊尹放之于桐。三年，太甲悔过，自怨自艾，于桐处仁迁义；三年，以听伊尹之训己也，复归于亳。

“周公之不有天下，犹益之于夏，伊尹之于殷也。

“孔子曰：‘唐虞禅，夏后殷周继，其义一也。’”（《万章》）

《孟子比谊》卷四终

卷五　出处辞受

一

孟子谓万章曰："一乡之善士，斯友一乡之善士；一国之善士，斯友一国之善士；天下之善士，斯友天下之善士。以友天下之善士为未足，又尚论古之人。颂其诗，读其书，不知其人，可乎？是以论其世也。是尚友也。"（《万章》）

公都子曰："滕更之在门也，若在所礼。而不答，何也？"

孟子曰："挟贵而问，挟贤而问，挟长而问，挟有勋劳而问，挟故而问，皆所不答也。滕更有二焉。"（《尽心》）

万章问曰："敢问友。"

孟子曰："不挟长，不挟贵，不挟兄弟而友。友也者，友其德也，不可以有挟也。

“孟献子，百乘之家也，有友五人焉：乐正裘、牧仲，其三人，则予忘之矣。献子之与此五人者友也，无献子之家者也。此五人者，亦有献子之家，则不与之友矣。

“非惟百乘之家为然也。虽小国之君亦有之。费惠公曰：‘吾于子思，则师之矣；吾于颜般，则友之矣；王顺、长息则事我者也。’

“非惟小国之君为然也，虽大国之君亦有之。晋平公之于亥唐也，入云则入，坐云则坐，食云则食。虽疏食菜羹，未尝不饱，盖不敢不饱也。然终于此而已矣。弗与共天位也，弗与治天职也，弗与食天禄也，士之尊贤者也，非王公之尊贤也。

“舜尚见帝，帝馆甥于贰室，亦飨舜，迭为宾主，是天子而友匹夫也。

“用下敬上，谓之贵贵；用上敬下，谓之尊贤。贵贵、尊贤，其义一也。”（《万章》）

逄蒙学射于羿，尽羿之道，思天下惟羿为愈己，于是杀羿。孟子曰：“是亦羿有罪焉。”

公明仪曰：“宜若无罪焉。”

曰：“薄乎云尔，恶得无罪？郑人使子濯孺子侵卫，卫使庾公之斯追之。子濯孺子曰：‘今日我疾作，不可以执弓，吾死矣夫！’问其仆曰：‘追我者谁也？’其仆曰：‘庾公之斯也。’曰：‘吾生矣。’其仆曰：‘庾公之斯，卫之善射者也，夫子曰“吾生”，何谓也？’曰：‘庾公之斯学射于尹公之他，尹公之他学射于我。夫尹公之他，端人也，其取友必端矣。’庾公之斯至，曰：‘夫子何为不执弓？’曰：‘今日我疾作，不可以执弓。’曰：‘小人学射于尹公之他，尹公之他学射于夫子。我不忍以夫子之道反害夫子。虽然，今日之事，君事也，我不敢废。’抽矢扣轮，去其金，发乘矢而后反。”（《离娄》）

万章问曰：“敢问交际何心也？”

孟子曰：“恭也。”

曰：“却之却之为不恭，何哉？”

曰：“尊者赐之，曰‘其所取之者，义乎，不义乎”，而后受之，以是为不恭，故弗却也。”

曰：“请无以辞却之，以心却之，曰‘其取诸民之不义也’，而以他辞无受，不可乎？”

曰：“其交也以道，其接也以礼，斯孔子受之矣。”

万章曰：“今有御人于国门之外者，其交也以道，其馈也以礼，斯可受御与？”

曰：“不可。《康诰》曰：‘杀越人于货，闵不畏死，凡民罔不譈。’是不待教而诛者也。殷受夏，周受殷，所不辞也。于今为烈，如之何其受之？”

曰：“今之诸侯取之于民也，犹御也。苟善其礼际矣，斯君子受之，敢问何说也？”

曰：“子以为有王者作，将比今之诸侯而诛之乎？其教之不改而后诛之乎？夫谓非其有而取之者盗也，充类至义之尽也。孔子之仕于鲁也，鲁人猎较，孔子亦猎较。猎较犹可，而况受其赐乎？”

曰：“然则孔子之仕也，非事道与？”

曰：“事道也。”

“事道奚猎较也？”

曰：“孔子先簿正祭器，不以四方之食供簿正。”

曰：“奚不去也？”

曰：“为之兆也。兆足以行矣，而不行，而后去，是以未尝有所终三年淹也。孔子有见行可之仕，有际可之仕，有公养之仕也。于季桓子，见行可之仕也；于卫灵公，际可之仕也；于卫孝公，公养之仕也。”（《万章》）

万章问曰：“或谓孔子于卫主痈疽，于齐主侍人瘠环，有诸乎？”

孟子曰：“否，不然也。好事者为之也。

“于卫主颜雠由。弥子之妻与子路之妻，兄弟也。弥子谓子路曰：‘孔子主我，卫卿可得也。’子路以告。孔子曰：‘有命。’孔子进以礼，退以义，得之不得曰‘有命’。而主痈疽与侍人瘠环，是无义无命也。

“孔子不悦于鲁卫，遭宋桓司马将要而杀之，微服而过宋。是时孔子当阨，主司城贞子，为陈侯周臣。

“吾闻观近臣，以其所为主；观远臣，以其所主。若孔子主痈疽与侍人瘠环，何以为孔子？”（《万章》）

孟子曰：“君子之厄于陈蔡之间，无上下之交也。”（《尽心》）

孟子曰：“食而弗爱，豕交之也；爱而不敬，兽畜之也。恭敬者，币之未将者也。恭敬而无实，君子不可虚拘。”（《尽心》）

周霄问曰：“古之君子仕乎？”

孟子曰：“仕。传曰：‘孔子三月无君，则皇皇如也，出疆必载质。’公明仪曰：‘古之人三月无君则吊。’”

“三月无君则吊，不以急乎？”

曰：“士之失位也，犹诸侯之失国家也。礼曰：‘诸侯耕助，以供粢盛；夫人蚕缫，以为衣服。牺牲不成，粢盛不洁，衣服不备，不敢以祭。惟士无田，则亦不祭。’牲杀、器皿、衣服不备，不敢以祭，则不敢以宴，亦不足吊乎？”

“出疆必载质，何也？”

曰：“士之仕也，犹农夫之耕也，农夫岂为出疆舍其耒耜哉？”

曰：“晋国亦仕国也，未尝闻仕如此其急。仕如此其急也，君子之难仕，何也？”

曰：“丈夫生而愿为之有室，女子生而愿为之有家。父母之心，人皆有之。不待父母之命、媒妁之言，钻穴隙相窥，踰墙相从，则父母国人皆贱之。古之人未尝不欲仕也，又恶不由其道。不由其道而往者，与钻穴隙之类也。”（《滕文公》）

陈子曰：“古之君子，何如则仕？”

孟子曰：“所就三，所去三。迎之致敬以有礼，言将行其言也，则就之；礼貌未衰，言弗行也，则去之。其次，虽未行其言也，迎之致敬以有礼，则就之；礼貌衰，则去之。其下，朝不食，夕不食，饥饿不能出门户。君闻之曰：‘吾大者不能行其道，又不能从其言也，使饥饿于我土地，吾耻之。’周之，亦可受也，免死而已矣。”（《告子》）

任人有问屋庐子曰：“礼与食孰重？”

曰：“礼重。”

“色与礼孰重？”

曰：“礼重。”

曰：“以礼食，则饥而死；不以礼食，则得食，必以礼乎？亲迎，则不得妻；不亲迎，则得妻，必亲迎乎？”

屋庐子不能对，明日之邹以告孟子。

孟子曰：“于答是也何有？不揣其本而齐其末，方寸之木可使高于岑楼。金重于羽者，岂谓一钩金与一舆羽之谓哉？取食之重者，与礼之轻者而比之，奚翅食重？取色之重者，与礼之轻者而比之，奚翅色重？

“往应之曰：‘纱兄之臂而夺之食，则得食；不纱，则不得食，则将纱之乎？踰东家墙而搂其处子，则得妻；不搂，则不得妻，则将搂之乎？’”（《告子》）

孟子曰：“仕非为贫也，而有时乎为贫；娶妻非为养也，而有时乎为养。

“为贫者，辞尊居卑，辞富居贫。辞尊居卑，辞富居贫，恶乎宜乎？抱关击柝。孔子尝为委吏矣，曰‘会计当而已矣’。尝为乘田矣，曰‘牛羊茁壮，长而已矣’。

“位卑而言高，罪也；立乎人之本朝，而道不行，耻也。”（《万章》）

万章曰：“士之不托诸侯，何也？”

孟子曰：“不敢也。诸侯失国，而后托于诸侯，礼也；士之托于诸侯，非礼也。”

万章曰："君馈之粟，则受之乎？"

曰："受之。"

"受之何义也？"

曰："君之于氓也，固周之。"

曰："周之则受，赐之则不受，何也？"

曰："不敢也。"

曰："敢问其不敢何也？"

曰："抱关击柝者，皆有常职以食于上。无常职而赐于上者，以为不恭也。"

曰："君馈之，则受之，不识可常继乎？"

曰："缪公之于子思也，亟问，亟馈鼎肉。子思不悦。于卒也，摽使者出诸大门之外，北面稽首再拜而不受。曰：'今而后知君之犬马畜伋。'盖自是台无馈也。悦贤不能举，又不能养也，可谓悦贤乎？"

曰："敢问国君欲养君子，如何斯可谓养矣？"

曰："以君命将之，再拜稽首而受。其后廪人继粟，庖人继肉，不以君命将之。子思以为鼎肉，使己仆仆尔亟拜也，非养君子之道也。尧之于舜也，使其子九男事之，二女女焉，百官牛羊仓廪备，以养舜于畎亩之中，后举而加诸上位。故曰："王公之尊贤者也。"（《万章》）

万章曰："敢问不见诸侯，何义也？"

孟子曰："在国曰市井之臣，在野曰草莽之臣，皆谓庶人。庶人不传质为臣，不敢见于诸侯，礼也。"

万章曰："庶人，召之役，则往役；君欲见之，召之，则不往见之，何也？"

曰："往役，义也；往见，不义也。且君之欲见之也，何为也哉？"

曰："为其多闻也，为其贤也。"

曰："为其多闻也，则天子不召师，而况诸侯乎？为其贤也，则吾未闻欲见贤而召之也。

"缪公亟见于子思，曰：'古千乘之国以友士，何如？'子思不悦，曰：'古之人有言曰：事之云乎，岂曰友之云乎？'子思之不悦也，岂不曰：'以位，则子，君也；我，臣也。何敢与君友也？以德，则子事我者也。奚可以与我友？'千乘之君求与之友，而不可得也，而况可召与？

"齐景公田，招虞人以旌，不至，将杀之。志士不忘在沟壑，勇士不忘丧其元。孔子奚取焉？取非其招不往也。"

曰："敢问招虞人何以？"

曰："以皮冠。庶人以旃，士以旂，大夫以旌。以大夫之招招虞人，虞人死不敢往。以士之招招庶人，庶人岂敢往哉。

况乎以不贤人之招招贤人乎？

“欲见贤人而不以其道，犹欲其入而闭之门也。夫义，路也；礼，门也。惟君子能由是路，出入是门也。《诗》云：‘周道如底，其直如矢；君子所履，小人所视。’”

万章曰：“孔子，君命召，不俟驾而行。然则孔子非与？”

曰：“孔子当仕有官职，而以其官召之也。”（《万章》）

公孙丑问曰：“不见诸侯何义？”

孟子曰：“古者不为臣不见。段干木踰垣而辟之，泄柳闭门而不内，是皆已甚。迫，斯可以见矣。阳货欲见孔子而恶无礼，大夫有赐于士，不得受于其家，则往拜其门。阳货瞰孔子之亡也，而馈孔子蒸豚；孔子亦瞰其亡也，而往拜之。当是时，阳货先，岂得不见？

“曾子曰：‘胁肩谄笑，病于夏畦。’子路曰：‘未同而言，观其色赧赧然，非由之所知也。’由是观之，则君子之所养可知已矣。”（《滕文公》）

陈代曰：“不见诸侯，宜若小然；今一见之，大则以王，小则以霸。且志曰：‘枉尺而直寻’，宜若可为也。”

孟子曰：“昔齐景公田，招虞人以旌，不至，将杀之。志士不忘在沟壑，勇士不忘丧其元。孔子奚取焉？取非其招不往也，如不待其招而往，何哉？

“且夫枉尺而直寻者，以利言也。如以利，则枉寻直尺而利，亦可为与？

“昔者赵简子使王良与嬖奚乘，终日而不获一禽。嬖奚反命曰：‘天下之贱工也。’或以告王良。良曰：‘请复之。’强而后可，一朝而获十禽。嬖奚反命曰：‘天下之良工也。’简子曰：‘我使掌与女乘。’谓王良。良不可，曰：‘吾为之范我驰驱，终日不获一；为之诡遇，一朝而获十。《诗》云：“不失其驰，舍矢如破。”我不贯与小人乘，请辞。’御者且羞与射者比。比而得禽兽，虽若丘陵，弗为也。如枉道而从彼，何也？且子过矣，枉己者，未有能直人者也。”（《滕文公》）

公孙丑曰：“《诗》曰‘不素餐兮’，君子之不耕而食，何也？”

孟子曰：“君子居是国也，其君用之，则安富尊荣；其子弟从之，则孝弟忠信。‘不素餐兮’，孰大于是？”（《尽心》）

彭更问曰：“后车数十乘，从者数百人，以传食于诸侯，不以泰乎？”

孟子曰："非其道，则一箪食不可受于人；如其道，则舜受尧之天下，不以为泰，子以为泰乎？"

曰："否。士无事而食，不可也。"

曰："子不通功易事，以羡补不足，则农有余粟，女有余布；子如通之，则梓匠轮舆皆得食于子。于此有人焉，入则孝，出则悌，守先王之道，以待后之学者，而不得食于子。子何尊梓匠轮舆而轻为仁义者哉？"

曰："梓匠轮舆，其志将以求食也；君子之为道也，其志亦将以求食与！"

曰："子何以其志为哉？其有功于子，可食而食之矣。且子食志乎？食功乎？"

曰："食志。"

曰："有人于此，毁瓦画墁，其志将以求食也，则子食之乎？"

曰："否。"

曰："然则子非食志也，食功也。"（《滕文公》）

孟子见齐宣王曰："为巨室，则必使工师求大木。工师得大木。则王喜，以为能胜其任也。匠人斫而小之，则王怒，以为不胜其任矣。夫人幼而学之，壮而欲行之。王曰'姑舍女所学而从我'，则何如！

“今有璞玉于此，虽万镒，必使玉人雕琢之。至于治国家，则曰‘姑舍女所学而从我’，则何以异于教玉人雕琢玉哉？”（《梁惠王》）

孟子告齐宣王曰：“君之视臣如手足，则臣视君如腹心；君之视臣如犬马，则臣视君如国人；君之视臣如土芥，则臣视君如寇雠。”

王曰：“礼，为旧君有服，何如斯可为服矣？”

曰：“谏行言听，膏泽下于民；有故而去，则君使人导之出疆，又先于其所往；去三年不反，然后收其田里。此之谓三有礼焉。如此，则为之服矣。今也为臣。谏则不行，言则不听；膏泽不下于民；有故而去，则君搏执之，又极之于其所往；去之日，遂收其田里。此之谓寇雠。寇雠何服之有？”（《离娄》）

孟子曰：“无罪而杀士，则大夫可以去；无罪而戮民，则士可以徙。”（《离娄》）

孟子曰：“君仁莫不仁，君义莫不义。”（《离娄》）

《孟子比谊》卷五终

卷六　杂事

一

孟子为卿于齐，出吊于滕，王使盖大夫王驩为辅行。王驩朝暮见，反齐滕之路，未尝与之言行事也。

公孙丑曰："齐卿之位，不为小矣；齐滕之路，不为近矣。反之而未尝与言行事，何也？"

曰："夫既或治之，予何言哉？"（《公孙丑》）

公行子有子之丧，右师往吊，入门，有进而与右师言者，有就右师之位而与右师言者。孟子不与右师言，右师不悦曰："诸君子皆与驩言，孟子独不与驩言，是简驩也。"

孟子闻之，曰："礼，朝廷不历位而相与言，不踰阶而相揖也。我欲行礼，子敖以我为简，不亦异乎？"（《离娄》）

乐正子从于子敖之齐。乐正子见孟子。孟子曰："子亦来见我乎？”

曰：“先生何为出此言也？”

曰：“子来几日矣？”

曰：“昔者。”

曰：“昔者，则我出此言也，不亦宜乎？”

曰：“舍馆未定。”

曰：“子闻之也，舍馆定，然后求见长者乎？”

曰：“克有罪。”（《离娄》）

孟子谓乐正子曰：“子之从于子敖来，徒餔啜也。我不意子学古之道，而以餔啜也。”（《离娄》）

淳于髡曰：“男女授受不亲，礼与？”

孟子曰：“礼也。”

曰：“嫂溺则援之以手乎？”

曰：“嫂溺不援，是豺狼也。男女授受不亲，礼也；嫂溺援之以手者，权也。”

曰：“今天下溺矣，夫子之不援，何也？”

曰：“天下溺，援之以道；嫂溺，援之以手。子欲手援天下乎？”（《离娄》）

孟子谓蚳鼃曰：“子之辞灵丘而请士师，似也，为其可以言也。今既数月矣，未可以言与？”

蚳鼃谏于王而不用，致为臣而去。

齐人曰："所以为蚳鼃，则善矣；所以自为，则吾不知也。"

公都子以告。

曰："吾闻之也：有官守者，不得其职则去；有言责者，不得其言则去。我无官守，我无言责也，则吾进退，岂不绰绰然有余裕哉？"（《公孙丑》）

曾子居武城，有越寇。或曰："寇至，盍去诸？"曰："无寓人于我室，毁伤其薪木。"寇退，则曰："修我墙屋，我将反。"寇退，曾子反。左右曰："待先生，如此其忠且敬也。寇至则先去以为民望，寇退则反，殆于不可。"沈犹行曰："是非汝所知也。昔沈犹有负刍之祸，从先生者七十人，未有与焉。"

子思居于卫，有齐寇。或曰："寇至，盍去诸？"子思曰："如伋去，君谁与守？"

孟子曰："曾子、子思同道。曾子，师也，父兄也；子思，臣也，微也。曾子、子思易地则皆然。（《离娄》）

孟子居邹，季任为任处守，以币交，受之而不报。处于平陆，储子为相，以币交，受之而不报。他日由邹之任，见季子；由平陆之齐，不见储子。屋庐子喜曰："连得间矣。"

问曰："夫子之任见季子，之齐不见储子，为其为相与？"

曰："非也。书曰：'享多仪，仪不及物曰不享，惟不役志于享。'为其不成享也。"

屋庐子悦。或问之。屋庐子曰："季子不得之邹，储子得之平陆。"（《告子》）

孟子将朝王，王使人来曰："寡人如就见者也，有寒疾，不可以风。朝将视朝，不识可使寡人得见乎？"对曰："不幸而有疾，不能造朝。"

明日，出吊于东郭氏。公孙丑曰："昔者辞以病，今日吊，或者不可乎？"

曰："昔者疾，今日愈，如之何不吊？"

王使人问疾，医来。孟仲子对曰："昔者有王命，有采薪之忧，不能造朝。今病小愈，趋造于朝，我不识能至否乎？"使数人要于路，曰："请必无归，而造于朝！"

不得已而之景丑氏宿焉。景子曰："内则父子，外则君臣，人之大伦也。父子主恩，君臣主敬。丑见王之敬子也，未见所以敬王也。"

曰："恶！是何言也！齐人无以仁义与王言者，岂以仁义为不美也？其心曰'是何足与言仁义也'云尔，则不敬莫大乎是。我非尧舜之道，不敢以陈于王前，故齐人莫如我敬王也。”

景子曰：“否，非此之谓也。礼曰：‘父召，无诺；君命召，不俟驾。’固将朝也，闻王命而遂不果，宜与夫礼若不相似然。”

曰：“岂谓是与？曾子曰：‘晋楚之富，不可及也。彼以其富，我以吾仁；彼以其爵，我以吾义，吾何慊乎哉？’夫岂不义而曾子言之？是或一道也。天下有达尊三：爵一，齿一，德一。朝廷莫如爵，乡党莫如齿，辅世长民莫如德。恶得有其一，以慢其二哉？

“故将大有为之君，必有所不召之臣。欲有谋焉，则就之。其尊德乐道，不如是不足与有为也。故汤之于伊尹，学焉而后臣之，故不劳而王；桓公之于管仲，学焉而后臣之，故不劳而霸。今天下地丑德齐，莫能相尚。无他，好臣其所教，而不好臣其所受教。汤之于伊尹，桓公之于管仲，则不敢召。管仲且犹不可召，而况不为管仲者乎？”（《公孙丑》）

齐饥。陈臻曰：“国人皆以夫子将复为发棠，殆不可复。”

孟子曰：“是为冯妇也。晋人有冯妇者，善搏虎，卒为善士。则之野，有众逐虎。虎负嵎，莫之敢撄。望见冯妇，趋而

迎之。冯妇攘臂下车。众皆悦之，其为士者笑之。”（《尽心》）

孟子致为臣而归。王就见孟子，曰：“前日愿见而不可得，得侍，同朝甚喜。今又弃寡人而归，不识可以继此而得见乎？”对曰：“不敢请耳，固所愿也。”

他日，王谓时子曰：“我欲中国而授孟子室，养弟子以万钟，使诸大夫国人皆有所矜式。子盍为我言之？”

时子因陈子而以告孟子，陈子以时子之言告孟子。

孟子曰：“然。夫时子恶知其不可也？如使予欲富，辞十万而受万，是为欲富乎？

“季孙曰：‘异哉子叔疑！使己为政，不用，则亦已矣，又使其子弟为卿。人亦孰不欲富贵？而独于富贵之中，有私龙断焉。’

“古之为市也，以其所有易其所无者，有司者治之耳。有贱丈夫焉，必求龙断而登之，以左右望而罔市利。人皆以为贱，故从而征之。征商，自此贱丈夫始矣。“（《公孙丑》）

孟子去齐，宿于昼。有欲为王留行者，坐而言。不应，隐几而卧。

客不悦曰：“弟子齐宿而后敢言，夫子卧而不听，请勿复敢见矣。”

曰：“坐！我明语子。昔者鲁缪公无人乎子思之侧，则不能安子思；泄柳、申详，无人乎缪公之侧，则不能安其身。子为长者虑，而不及子思，子绝长者乎？长者绝子乎？”（《公孙丑》）

孟子去齐。尹士语人曰：“不识王之不可以为汤武，则是不明也；识其不可，然且至，则是干泽也。千里而见王，不遇故去。三宿而后出昼，是何濡滞也？士则兹不悦。”

高子以告。

曰：“夫尹士恶知予哉？千里而见王，是予所欲也；不遇故去，岂予所欲哉？予不得已也。

“予三宿而出昼，于予心犹以为速。王庶几改之。王如改诸，则必反予。夫出昼而王不予追也，予然后浩然有归志。予虽然，岂舍王哉？王由足用为善。王如用予，则岂徒齐民安，天下之民举安。王庶几改之，予日望之。

“予岂若是小丈夫然哉？谏于其君而不受，则怒，悻悻然见于其面。去则穷日之力而后宿哉？”

尹士闻之曰：“士诚小人也。”（《公孙丑》）

孟子去齐，居休。公孙丑问曰：“仕而不受禄，古之道乎？”

曰：“非也。于崇，吾得见王。退而有去志，不欲

变，故不受也。继而有师命，不可以请。久于齐，非我志也。”（《公孙丑》）

淳于髡曰：“先名实者，为人也；后名实者，自为也。夫子在三卿之中，名实未加于上下而去之，仁者固如此乎？”

孟子曰：“居下位，不以贤事不肖者，伯夷也；五就汤，五就桀者，伊尹也；不恶污君，不辞小官者，柳下惠也。三子者不同道，其趋一也。一者何也？曰：仁也。君子亦仁而已矣，何必同？”

曰：“鲁缪公之时，公仪子为政，子柳、子思为臣，鲁之削也滋甚。若是乎贤者之无益于国也！”

曰：“虞不用百里奚而亡，秦穆公用之而霸。不用贤则亡，削何可得与？”

曰：“昔者王豹处于淇，而河西善讴；绵驹处于高唐，而齐右善歌；华周、杞梁之妻善哭其夫，而变国俗。有诸内必形诸外。为其事而无其功者，髡未尝睹之也。是故无贤者也，有则髡必识之。”

曰：“孔子为鲁司寇，不用，从而祭，燔肉不至，不税冕而行。不知者以为为肉也。其知者以为为无礼也。乃孔子则欲以微罪行，不欲为苟去。君子之所为，众人固不识也。”（《告子》）

万章问曰："或曰[1]：'百里奚自鬻于秦养牲者，五羊之皮，食牛，以要秦穆公。'信乎？"

孟子曰："否，不然。好事者为之也。百里奚，虞人也。晋人以垂棘之璧与屈产之乘，假道于虞以伐虢。宫之奇谏，百里奚不谏。知虞公之不可谏而去，之秦，年已七十矣，曾不知以食牛干秦穆公之为污也，可谓智乎？不可谏而不谏，可谓不智乎？知虞公之将亡而先去之，不可谓不智也。时举于秦，知穆公之可与有行也而相之，可谓不智乎？相秦而显其君于天下，可传于后世，不贤而能之乎？自鬻以成其君，乡党自好者不为，而谓贤者为之乎？"（《万章》）

陈臻问曰："前日于齐，王馈兼金一百而不受；于宋，馈七十镒而受；于薛，馈五十镒而受。前日之不受是，则今日之受非也；今日之受是，则前日之不受非也。夫子必居一于此矣。"

孟子曰："皆是也。当在宋也，予将有远行。行者必以赆，辞曰：'馈赆。'予何为不受？当在薛也，予有戒心。辞曰：'闻戒故为兵馈之'，予何为不受？若于齐，则未有处也。无处而馈之，是货之也。焉有君子而可以货取乎？"（《公孙丑》）

---

① 罗庸石印本无"或曰"。

孟子之滕，馆于上宫。有业屦于牖上，馆人求之弗得。

或问之曰："若是乎从者之廋也？"

曰："子以是为窃屦来与？"

曰："殆非也。夫子之设科也，往者不追，来者不距。苟以是心至，斯受之而已矣。"（《尽心》）

《孟子比谊》卷六终

卷七　异学

有为神农之言者许行，自楚之滕，踵门而告文公曰："远方之人闻君行仁政，愿受一廛而为氓。"文公与之处，其徒数十人，皆衣褐，捆屦、织席以为食。

陈良之徒陈相，与其弟辛，负耒耜而自宋之滕，曰："闻君行圣人之政，是亦圣人也，愿为圣人氓。"陈相见许行而大悦，尽弃其学而学焉。

陈相见孟子，道许行之言曰："滕君，则诚贤君也；虽然，未闻道也。贤者与民并耕而食，饔飧而治。今也滕有仓廪府库，则是厉民而以自养也，恶得贤？"

孟子曰："许子必种粟而后食乎？"

曰："然。"

"许子必织布而后衣乎？"

曰："否。许子衣褐。"

“许子冠乎？”

曰：“冠。”

曰：“奚冠？”

曰：“冠素。”

曰：“自织之与？”

曰：“否。以粟易之。”

曰：“许子奚为不自织？”

曰：“害于耕。”

曰：“许子以釜甑爨，以铁耕乎？”

曰：“然。”

“自为之与？”

曰：“否。以粟易之。”

“以粟易械器者，不为厉陶冶；陶冶亦以其械器易粟者，岂为厉农夫哉？且许子何不为陶冶。舍皆取诸其宫中而用之？何为纷纷然与百工交易？何许子之不惮烦？”

曰：“百工之事，固不可耕且为也。”

“然则治天下独可耕且为与？有大人之事，有小人之事。且一人之身，而百工之所为备。如必自为而后用之，是率天下而路也。故曰：或劳心，或劳力；劳心者治人，劳力者治于人；治于人者食人，治人者食于人，天下之通义也。

“当尧之时，天下犹未平，洪水横流，泛滥于天下。草木畅茂，禽兽繁殖，五谷不登，禽兽偪人。兽蹄鸟迹之道，交于中国。尧独忧之，举舜而敷治焉。舜使益掌火，益烈山泽而焚之，禽兽逃匿。禹疏九河，瀹济漯，而注诸海；决汝汉，排淮泗，而注之江，然后中国可得而食也。当是时也，禹八年于外，三过其门而不入，虽欲耕，得乎？

“后稷教民稼穑。树艺五谷，五谷熟而民人育。人之有道也，饱食、暖衣、逸居而无教，则近于禽兽。圣人有忧之，使契为司徒，教以人伦：父子有亲，君臣有义，夫妇有别，长幼有序，朋友有信。放勋曰：‘劳之来之，匡之直之，辅之翼之，使自得之，又从而振德之。’圣人之忧民如此，而暇耕乎？

“尧以不得舜为己忧，舜以不得禹、皋陶为己忧。夫以百亩之不易为己忧者，农夫也。分人以财谓之惠，教人以善谓之忠，为天下得人者谓之仁。是故以天下与人易，为天下得人难。孔子曰：‘大哉尧之为君！惟天为大，惟尧则之，荡荡乎民无能名焉！君哉舜也！巍巍乎有天下而不与焉！’尧舜之治天下，岂无所用其心哉？亦不用于耕耳！

“吾闻用夏变夷者，未闻变于夷者也。陈良，楚产也。悦周公、仲尼之道，北学于中国。北方之学者，未能或之先也。

彼所谓豪杰之士也。子之兄弟事之数十年，师死而遂倍之！

“昔者，孔子没，三年之外，门人治任将归，入揖于子贡，相向而哭，皆失声，然后归。子贡反，筑室于场，独居三年，然后归。他日，子夏、子张、子游以有若似圣人，欲以所事孔子事之，强曾子。曾子曰：‘不可。江汉以濯之，秋阳以暴之，皜皜乎不可尚已。’

“今也南蛮鴃舌之人，非先王之道，子倍子之师而学之，亦异于曾子矣。吾闻出于幽谷迁于乔木者，未闻下乔木而入于幽谷者。《鲁颂》曰：‘戎狄是膺，荆舒是惩。’周公方且膺之，子是之学，亦为不善变矣。”

“从许子之道，则市贾不贰，国中无伪。虽使五尺之童适市，莫之或欺。布帛长短同，则贾相若；麻缕丝絮轻重同，则贾相若；五谷多寡同，则贾相若；屦大小同，则贾相若。”

曰：“夫物之不齐，物之情也；或相倍蓰，或相什伯，或相千万。子比而同之，是乱天下也。巨屦小屦同贾，人岂为之哉？从许子之道，相率而为伪者也，恶能治国家？”（**《滕文公》**）

匡章曰：“陈仲子岂不诚廉士哉？居于陵，三日不食，耳无闻，目无见也。井上有李，螬食实者过半矣，匍匐往将食之，三咽，然后耳有闻，目有见。”

孟子曰："于齐国之士，吾必以仲子为巨擘焉。虽然，仲子恶能廉？充仲子之操，则蚓而后可者也。夫蚓，上食槁壤，下饮黄泉。仲子所居之室，伯夷之所筑与？抑亦盗跖之所筑与？所食之粟，伯夷之所树与？抑亦盗跖之所树与？是未可知也。"

曰："是何伤哉？彼身织屦，妻辟纑，以易之也。"

曰："仲子，齐之世家也。兄戴，盖禄万钟。以兄之禄为不义之禄而不食也，以兄之室为不义之室而不居也，辟兄离母，处于於陵。他日归，则有馈其兄生鹅者，己频顣曰：'恶用是鶃鶃者为哉？'他日，其母杀是鹅也，与之食之。其兄自外至，曰：'是鶃鶃之肉也。'出而哇之。

"以母则不食，以妻则食之；以兄之室则弗居，以於陵则居之。是尚为能充其类也乎？若仲子者，蚓而后充其操者也。"（《滕文公》）

孟子曰："仲子，不义与之齐国而弗受，人皆信之，是舍箪食豆羹之义也，人莫大焉。亡亲戚、君臣、上下，以其小者信其大者，奚可哉？"（《尽心》）

孟子曰："杨子取为我，拔一毛而利天下，不为也；墨子兼爱，摩顶放踵利天下，为之。子莫执中。执中为近之，执中无权，犹执一也。所恶执一者，为其贼道也，举一而废百

也。”（《尽心》）

孟子曰：“逃墨必归于杨，逃杨必归于儒。归斯受之而已矣。今之与杨墨辩者，如追放豚，既入其苙，又从而招之。”（《尽心》）

《孟子比谊》卷七终

国家新闻出版广电总局

首届向全国推荐中华优秀传统文化普及图书

‖大家小书书目

经典常谈	朱自清 著
语言与文化	罗常培 著
习坎庸言校正	罗 庸 著 杜志勇 校注
鸭池十讲（增订本）	罗 庸 著 杜志勇 编订
古代汉语常识	王 力 著
国学概论新编	谭正璧 编著
文言尺牍入门	谭正璧 著
日用交谊尺牍	谭正璧 著
敦煌学概论	姜亮夫 著
训诂简论	陆宗达 著
金石丛话	施蛰存 著
常识	周有光 著 叶 芳 编
文言津逮	张中行 著
中国字典史略	刘叶秋 著

古典目录学浅说	来新夏　著
闲谈写对联	白化文　著
怎样使用标点符号（增订本）	苏培成　著
诗境浅说	俞陛云　著
唐五代词境浅说	俞陛云　著
北宋词境浅说	俞陛云　著
南宋词境浅说	俞陛云　著
人间词话新注	王国维　著　滕咸惠　校注
苏辛词说	顾　随　著　陈　均　校
诗论	朱光潜　著
唐诗杂论	闻一多　著
诗词格律概要	王　力　著
唐宋词欣赏	夏承焘　著
槐屋古诗说	俞平伯　著
词学十讲	龙榆生　著
词曲概论	龙榆生　著
中国古典诗歌讲稿	浦江清　著 浦汉明　彭书麟　整理

唐人绝句启蒙	李霁野　著
唐宋词启蒙	李霁野　著
古典文学略述	王季思　著　王兆凯　编
古典戏曲略说	王季思　著　王兆凯　编
唐宋词概说	吴世昌　著
宋词赏析	沈祖棻　著
道教徒的诗人李白及其痛苦	李长之　著
闲坐说诗经	金性尧　著
陶渊明批评	萧望卿　著
舒芜说诗	舒　芜　著
名篇词例选说	叶嘉莹　著
唐诗纵横谈	周勋初　著
楚辞讲座	汤炳正　著 汤序波　汤文瑞　整理
好诗不厌百回读	袁行霈　著
山水有清音 ——古代山水田园诗鉴要	葛晓音　著

门外文谈	鲁　迅　著	
我的杂学	周作人　著	张丽华　编
论雅俗共赏	朱自清　著	
文学概论讲义	老　舍　著	
中国文学史导论	罗　庸　著	杜志勇　辑校
给少男少女	李霁野　著	
鲁迅批判	李长之　著	
英美现代诗谈	王佐良　著	董伯韬　编
三国谈心录	金性尧　著	
夜阑话韩柳	金性尧　著	
英语学习	李赋宁　著	
漫谈西方文学	李赋宁　著	
历代笔记概述	刘叶秋　著	
笔祸史谈丛	黄　裳　著	
古典诗文述略	吴小如　著	
有琴一张	资中筠　著	
鲁迅作品细读	钱理群　著	
唐宋八大家 ——古代散文的典范	葛晓音　选译	

红楼梦考证	胡　适　著
《水浒传》与中国社会	萨孟武　著
《西游记》与中国古代政治	萨孟武　著
《红楼梦》与中国旧家庭	萨孟武　著
《金瓶梅》人物	孟　超　著　张光宇　绘
水泊梁山英雄谱	孟　超　著　张光宇　绘
《红楼梦》探源	吴世昌　著
《西游记》漫话	林　庚　著
细说红楼	周绍良　著
红楼小讲	周汝昌　著　周伦玲　整理
曹雪芹的故事	周汝昌　著　周伦玲　整理
古典小说漫稿	吴小如　著
三生石上旧精魂 ——中国古代小说与宗教	白化文　著
《金瓶梅》十二讲	宁宗一　著
古体小说论要	程毅中　著
近体小说论要	程毅中　著
文学的阅读	洪子诚　著
中国戏曲	么书仪　著

中国史学入门	顾颉刚 著 何启君 整理
秦汉的方士与儒生	顾颉刚 著
三国史话	吕思勉 著
史学要论	李大钊 著
中国近代史	蒋廷黻 著
民族与古代中国史	傅斯年 著
五谷史话	万国鼎 著 徐定懿 编
民族文话	郑振铎 著
史料与史学	翦伯赞 著
唐代社会概略	黄现璠 著
清史简述	郑天挺 著
两汉社会生活概述	谢国桢 著
中国文化与中国的兵	雷海宗 著
两宋史纲	张荫麟 著
明史简述	吴 晗 著
北宋政治改革家王安石	邓广铭 著
从紫禁城到故宫——营建、艺术、史事	单士元 著
史学遗产六讲	白寿彝 著

司马迁之人格与风格	李长之　著
司马迁	季镇淮　著
唐王朝的崛起与兴盛	汪　篯　著
二千年间	胡　绳　著
论三国人物	方诗铭　著
考古发现与中西文化交流	宿　白　著
中国古代国家的历史特征	张传玺　著
艺术、神话与祭祀	张光直　著 刘　静　乌鲁木加甫　译
中国古代衣食住行	许嘉璐　著
中国古代史学十讲	瞿林东　著
黄宾虹论画	黄宾虹　著
中国绘画史	陈师曾　著
和青年朋友谈书法	沈尹默　著
中国画法研究	吕凤子　著
桥梁史话	茅以升　著
中国戏剧史讲座	周贻白　著
俞平伯说昆曲	俞平伯　著　陈　均　编

新建筑与流派	童　寯　著	
论园	童　寯　著	
拙匠随笔	梁思成　著	林　洙　编
中国建筑艺术	梁思成　著	林　洙　编
沈从文讲文物	沈从文　著	王　风　编
中国画的艺术	徐悲鸿　著	马小起　编
中国绘画史纲	傅抱石　著	
中国舞蹈史话	常任侠　著	
海上丝路与文化交流	常任侠　著	
世界美术名作二十讲	傅　雷　著	
中国画论体系及其批评	李长之　著	
金石书画漫谈	启　功　著	赵仁珪　编
吞山怀谷——中国山水园林的艺术	汪菊渊　著	
中国古代音乐与舞蹈	阴法鲁　著	刘玉才　编
梓翁说园	陈从周　著	
旧戏新谈	黄　裳　著	
民间年画十五讲	王树村　著	姜彦文　编
民间美术与民俗	王树村　著	姜彦文　编

长城史话　罗哲文　著

中国古园林概说　罗哲文　著

现代建筑奠基人　罗小未　著

世界桥梁趣谈　唐寰澄　著

如何欣赏一座桥　唐寰澄　著

桥梁的故事　唐寰澄　著

园林的意境　周维权　著

万方安和

——皇家园林的故事　周维权　著

现代建筑的故事　吴焕加　著

中国古代建筑概说　傅熹年　著

国学救亡讲演录　章太炎　著　蒙　木　编

简易哲学纲要　蔡元培　著

大学教育　蔡元培　著

北大元培学院　编

老子、孔子、墨子及其学派　梁启超　著

中国政治思想史　吕思勉　著

天道与人文　竺可桢　著　施爱东　编

春秋战国思想史话	嵇文甫　著	
晚明思想史论	嵇文甫　著	
新人生论	冯友兰　著	
中国哲学与未来世界哲学	冯友兰　著	
谈美书简	朱光潜　著	
中国古代心理学思想	潘　菽　著	
民俗与迷信	江绍原　著	陈泳超　整理
佛教基本知识	周叔迦　著	
儒学述要	罗　庸　著	杜志勇　整理
希腊漫话	罗念生　著	
佛教常识答问	赵朴初　著	
大一统与儒家思想	杨向奎　著	
孔子的故事	李长之　著	
西洋哲学史	李长之　著	
乡土中国	费孝通　著	
社会调查自白	费孝通　著	
经学常谈	屈守元　著	
墨子与墨家	任继愈　著	
汉化佛教与佛寺	白化文　著	
中西之交	陈乐民　著	

出版说明

“大家小书”多是一代大家的经典著作，在还属于手抄的著述年代里，每个字都是经过作者精琢细磨之后所拣选的。为尊重作者写作习惯和遣词风格、尊重语言文字自身发展流变的规律，为读者提供一个可靠的版本，“大家小书”对于已经经典化的作品不进行现代汉语的规范化处理。

提请读者特别注意。

北京出版社